高等职业教育汽车系列精品教材

“互联网+”立体化教材

汽车文化

主　编　张　余　张　兵

副主编　宋　华　张丽君

国防科技大学出版社

【内容简介】本书主要介绍了汽车的定义、分类以及总体构造等基本知识，另外分章节介绍了汽车的历史与发展、世界汽车公司与品牌、中国汽车公司与品牌、汽车与社会、汽车与生活、汽车与时尚以及未来汽车等内容。

本书内容全面，实用性极强，可以作为高职高专院校汽车相关专业的教学用书，也可供汽车行业相关从业人员参考使用。

图书在版编目(CIP)数据

汽车文化/张余，张兵主编. —长沙：国防科技大学出版社，2013.11(2024.7 重印)

ISBN 978-7-5673-0205-1

Ⅰ.①汽… Ⅱ.①张…②张… Ⅲ.①汽车—文化 Ⅳ.①U46-05

中国版本图书馆 CIP 数据核字(2013)第 277655 号

出版发行：国防科技大学出版社

策划编辑：孙承泽　**责任编辑：**谷建湘

印 刷 者：三河市众誉天成印务有限公司

开　　本：787 mm×1 092 mm　1/16

印　　张：11

字　　数：274 千字

版　　次：2024 年 7 月第 1 版第 8 次印刷

定　　价：39.80 元

PREFACE
前言

汽车，作为一种凝结着人类全部智慧的交通工具，对推动社会生产力的发展和生产关系的变革，都具有十分重要的意义。同时，汽车作为一种最活跃、最具革命性的动力因素，不但改变着世界，而且不断发展完善。现在，汽车已经成为了人们日常生活中不可缺少的元素之一。

汽车在满足人们代步需求的同时，也积累了丰富的精神内涵，被赋予了更多的文化内涵，从而形成了一个独特的文化现象——汽车文化。

为了贯彻“将人文教育与科学教育、文化素质教育与专业素质教育实现有机结合，促进自然科学技术与人文社科成果交叉融合，让课程富有专业文化特色”的教学理念要求，汽车文化成为了汽车各相关专业的一门必设课程。

为了满足新形势下对汽车文化课程教材的需求，我们组织编写了《汽车文化》一书，本书详细地阐述了汽车的定义、分类以及总体构造等基本知识，另外分章节介绍了汽车的历史与发展、世界汽车公司与品牌、中国汽车公司与品牌、汽车与社会、汽车与生活、汽车与时尚以及未来汽车等内容。通过现实中最新的资料，同时配备生动鲜活的图片进行讲解，内容全面，深入浅出，生动活泼，将知识性与趣味性相结合，为读者了解汽车、学习汽车的相关文化提供了一个很好的平台，使读者在学习和掌握汽车基本知识的同时，也能够深入了解汽车文化，最终形成自己对汽车的真实理解。

本教材各章节的内容与学时安排如下表所示。

教学内容	课　时
第一章　汽车基本知识	4
第二章　汽车的历史与发展	4
第三章　世界汽车公司与品牌	6
第四章　中国汽车公司与品牌	6
第五章　汽车与社会	4
第六章　汽车与生活	4
第七章　汽车与时尚	4
第八章　未来汽车	2
总计	34

本书由浙江工贸职业技术学院张余和连云港职业技术学院张兵任主编，齐齐哈尔工程学院宋华和辽阳职业技术学院张丽君任副主编，商丘职业技术学院杜月云和任琴参编。具体分工如下：第一章和第二章由张余编写，第三章和第四章由张兵编写，第五章由杜月云编写，第六章由张丽君编写，第七章由宋华编写，第八章由任琴编写。全书由张余和张兵统稿。

由于编者时间和水平有限，书中可能存在疏漏和不妥之处，敬请广大读者和专家批评指正。

编　者

CONTENTS

目 录

CHAPTER 1

第一章

汽车基本知识

自从世界上第一辆汽车问世以来，这种工业产品在短短百余年的时间内就彻底走进了人类社会之中，并且渗透到了人们生活和工作的各个方面。

汽车将遥远的距离缩短；汽车延伸人的机能，把人的活动范围奇迹般地扩大；汽车是流动的艺术品，装点着现代城市的每个日夜；汽车是骏马良驹，是移动的家室，更是移动的社会——汽车令世界这样的多姿多彩，充满活力。

汽车对人类社会来说是如此的重要，以至于为了对汽车及交通运输进行管理，每一个国家都必须给它下一个明确的定义。

一、汽车的定义

德国对汽车的定义：使用液体燃料，用内燃机驱动，有3个或3个以上车轮，用来载运人员或货物的车辆。此定义中特别强调使用液体燃料和用内燃机驱动，因为在1886年，德国人卡尔·本茨获得由汽油机驱动的三轮汽车的专利。

美国对汽车的定义：本身携带动力驱动(包括人力、畜力和风力)，装有驾驶操纵装置，能在固定轨道以外的道路或自然地域运输人员及货物或牵引其他车辆的车辆。此定义中指明了汽车的用途，但没有指明动力装置的形式，也没有对车轮数目进行限制，按照这一定义，摩托车及拖拉机均属于汽车，而装甲车和坦克等都不属于汽车。

日本对汽车的定义：不依靠架线和固定轨道，自身带有动力装置且能够在道路上行驶的车辆。这一定义中没有指明汽车的用途。按照此定义，在道路上供儿童玩耍的玩具车也属于汽车。

我国对汽车的定义如下：

由动力装置驱动，具有4个或4个以上车轮的非轨道且无架线的车辆，主要用于载运人员和货物、牵引载运人员或货物的车辆及其他特殊场合。按照此定义，摩托车、装甲车及坦克等均不属于汽车，而拖拉机及电瓶车等均属于汽车。

目前，通常所说的汽车一般专指由汽油(或柴油)机驱动的汽车。除特殊说明之外，本教材中所涉及的汽车仅限于这种狭义汽车。

二、汽车的分类

汽车自产生至今已发展成为一个庞大的家族。各种形式、牌号及用途的汽车数不胜数，为了便于叙述和研究，出现了多种汽车分类法，不同的分类法反映了汽车的不同属性。

1. 按动力装置种类及所用燃料分类

汽车按动力装置种类及所用燃料的不同可分为内燃机汽车、电动汽车及燃气轮机汽车等类型。

1)内燃机汽车

内燃机汽车是指以内燃机为动力装置的汽车。当代汽车几乎全部为往复活塞式内燃机汽车，也有少数转子式发动机汽车。内燃机汽车按所用的燃料的不同可分为汽油机汽车和柴油机汽车，也有专门采用液化石油气、甲醇、乙醇、煤油、煤气及天然气等代用燃料的汽车。

2)电动汽车

电动汽车是指装有蓄电池和电动机，由电力驱动的汽车。这种汽车节约石油资源，无污染且噪声小，被称为21世纪的车辆，目前正处于研制发展、逐步商品化阶段。

电动汽车可分为纯电动汽车和混合动力汽车等类型，具体内容将在第十章介绍。

3)燃气轮机汽车

燃气轮机汽车采用航空发动机或火箭发动机及特殊燃料，用喷气反作用力驱动汽车运动，赛车一般属于燃气轮机汽车。

2. 按用途分类

根据GB/T 3730.1—1988的规定，按用途的不同可将汽车分为普通运输汽车、专用汽车和特种用途汽车。普通运输汽车又可分为轿车、客车和货车，而这三种汽车又可按照各自的主要特征参数分级(轿车按照发动机排量分级，客车按照车辆的总长度分级，货车按照总质量分级)。专用汽车是用基本车型改装或加装上专用设备和装置，以完成某种或某些专门作业任务的车辆。特种用途汽车是指应用在特殊场合的车辆。此分类标准于2001年后不再使用。

自从加入WTO后，我国汽车工业融入全球市场一体化的进程加快，原有的汽车分类标准已经不能适应汽车工业的发展。2001年，我国颁布了GB/T 3730.1—2001，此标准主要作为一般概念、统计、牌照、保险、政府政策及管理的依据。新国家标准在按用途划分的基础上，将作为私人代步工具的车辆和公共及商业经营的运输车辆分成两大类，建立了乘用车和商用车的概念。

1)乘用车

乘用车是指在其设计和技术特性上主要用于载运乘客及其随身行李或临时物品的汽车。乘用车的座位数包括驾驶员座位在内最多不超过9个。它也可以牵引一辆挂车。

乘用车涵盖了轿车、微型客车及不超过9座的轻型客车，又可分为以下11小类。

(1)普通乘用车。

普通乘用车如图1-1所示，其结构特点如下：

①车身为封闭式。

②车顶(顶盖)为固定式硬顶,有的顶盖一部分可以开启。

③4 个或 4 个以上座位分两排或两排以上排列,后座椅可以折叠或移动,以形成装载空间。

④具有 2 个或 4 个侧门,可有一扇后开启门。

(2)活顶乘用车。

活顶乘用车如图 1-2 所示,其结构特点如下:

①车身为具有固定侧围框架的可开启式车身。

②车顶(顶盖)为硬顶或软顶,至少有两个位置(一个位置封闭,另一个位置可开启或拆除),可开启式车身可以通过使用一个或数个硬顶部件和/或合拢软顶将开启的车身关闭。

③4 个或 4 个以上座位分两排或两排以上排列。

④具有 2 个或 4 个侧门,有 4 个或 4 个以上侧窗。

图 1-1　普通乘用车

图 1-2　活顶乘用车

(3)高级乘用车。

高级乘用车如图 1-3 所示,其结构特点如下:

①车身为封闭式。

②车顶为固定式硬顶,有的顶盖一部分可以开启。

③4 个或 4 个以上座位分两排或两排以上排列,前、后座椅之间可以设有隔板,后排座椅前可安装折叠式座椅。

④具有 4 个或 6 个侧门,也可有一个后开启门,有 6 个或 6 个以上侧窗。

(4)小型乘用车。

小型乘用车如图 1-4 所示,其结构特点如下:

①车身为封闭式,通常后部空间较小。

②车顶为固定式硬顶,有的顶盖一部分可以开启。

③两个或两个以上座位分一排或一排以上排列。

④具有两个侧门,也可有一个后开启门,有两个或两个以上侧窗。

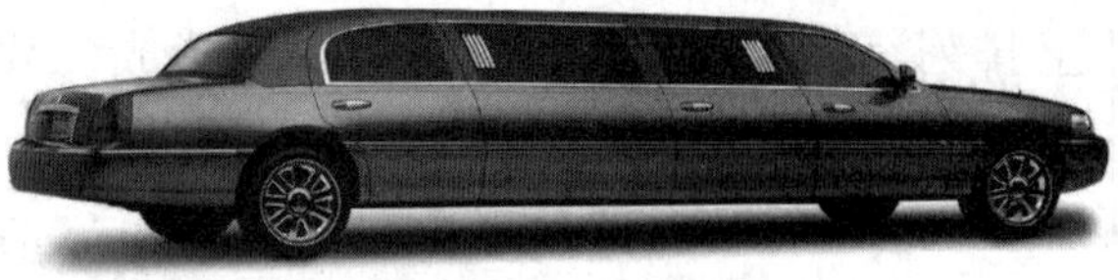

图 1-3　高级乘用车

图 1-4　小型乘用车

(5)敞篷车。

敞篷车如图 1-5 所示,其结构特点如下:

①车身为可开启式。

②车顶为软顶或硬顶,至少有两个位置,第一个位置遮覆车身,第二个位置车顶卷收或可拆除。

③两个或两个以上的座位分一排或一排以上排列。

④具有 2 个或 4 个侧门,有两个或两个以上侧窗。

(6)仓背乘用车。

仓背乘用车如图 1-6 所示,其结构特点如下:

①车身为封闭式,侧窗中柱可有可无。

②车顶为固定式硬顶,有的顶盖一部分可以开启。

③4 个或 4 个以上座位分两排或两排以上排列,后座椅可折叠或移动,以形成装载空间。

④具有两个或 4 个侧门,车身后部有 1 个仓门。

图 1-5　敞篷车

图 1-6　仓背乘用车

(7)旅行车。

旅行车如图 1-7 所示,其结构特点如下:

①车身为封闭式,车尾可提供较大的内部空间。

②车顶为固定式硬顶,有的顶盖一部分可以开启。

③4 个或 4 个以上座位分两排或两排以上排列,座椅的一排或多排可拆除,或装有向前翻倒的座椅靠背,以提供装载平台。

④具有两个或 4 个侧门,并有一个后开启门,有 4 个或 4 个以上的侧窗。

(8)多用途乘用车。

多用途乘用车是指只有单一车室载运乘客及其行李或物品的乘用车,如图 1-8 所示。如果这种车辆同时具备下列两个条件,则不属于乘用车而属于货车。

①除驾驶席以外的座位数不超过 6 个(只要车辆具有可以使用的座椅安装点,就应算“座位”存在)。

② $P-(M+N\times68)>N\times68$

式中,P 为最大设计总质量;M 为整车整备质量与一位驾驶员质量之和;N 为除驾驶员以外的座位数。

图 1-7　旅行车

图 1-8　多用途乘用车

(9)短头乘用车。

短头乘用车是指发动机的长度有 1/2 以上位于车辆前风窗玻璃最前点以后,并且转向盘的中心位于车辆总长的前 1/4 部分内的车辆,如图 1-9 所示。

(10)越野乘用车。

越野乘用车是指在其设计上所有车轮可以同时驱动(包括一个驱动轴可以脱开)的车辆,或指其几何特性(接近角、离去角、纵向通过角及最小离地间隙)、技术特性(驱动轴数、差速锁止机构或其他形式的机构)和其他性能(如爬坡度)允许在非道路上行驶的一种乘用车,如图 1-10 所示。

图 1-9　短头乘用车

图 1-10　越野乘用车

(11)专用乘用车。

专用乘用车是指为某一专门用途而设计的车辆,如旅居车、防弹车、救护车及农用汽车等。它的种类繁多,功能专用,结构各异。大多数专用乘用车是在某一汽车底盘上装设不同的专用设备而形成的。

①旅居车。旅居车是一种至少具有座椅、桌子、寝具及储藏柜等设施结构的乘用车。

②防弹车。防弹车是指用于保护所运送的乘员或物品并符合装甲防弹要求的乘用车。

③救护车。救护车是指用于运送病人或伤员并为此目的配有专用设备的乘用车。

④农用汽车。农用汽车是指专门用来进行农用作业和农业运输的车辆。农用汽车应考虑采用柴油机为动力,底盘要低,以便于装卸货物,距地间隙也要求较大,以提高农用车的通

过能力，进而适应田野作业的行驶条件。

2)商用车

商用车是指除乘用车以外，主要用于运载人员、货物及牵引挂车的汽车。商用车可分为客车和货车两大类。

(1)客车。

客车是指在设计和技术上用于载运乘客及其随身行李的商用车辆。客车的座位(包括驾驶员座位)数一般超过9个。

客车可分为以下8小类：

①小型客车。小型客车是指除驾驶员座位外，座位数不超过16个的客车，如图1-11所示。

②城市客车。城市客车是一种为城市内运输而设计和装备的客车，车上设有座椅及乘客站立的位置，并有足够的空间供乘客上下车走动使用，如图1-12所示。

图1-11　小型客车

图1-12　城市客车

③长途客车。长途客车是一种为城市间运输而设计和装备的客车，车上没有专供乘客站立的位置，但在其通道内可载运短途站立的乘客，如图1-13所示。

④旅游客车。旅游客车是一种为旅游而设计和装备的客车，如图1-14所示。这种车辆的布置要确保乘客的舒适性，一般不载运站立的乘客。

图1-13　长途客车

图1-14　旅游客车

⑤铰接客车。铰接客车是一种由两节刚性车厢铰接组成的客车，如图 1-15 所示。在这种车辆上，两节车厢是相通的，乘客可通过铰接部分在两节车厢之间自由走动。

图 1-15　铰接客车

⑥无轨电车。无轨电车是一种经架线由电力驱动的客车，如图 1-16 所示。

图 1-16　无轨电车

⑦越野客车。越野客车是指所有车轮可同时驱动，或其几何特性、技术特性和性能允许在非道路上行驶的一种客车。

⑧专用客车。专用客车是指在设计和技术上需特殊布置安排后才能载运人员的车辆，如残疾人轮椅专用客车及运动会接待专用客车等。

(2)货车。

货车是一种主要为运载货物而设计和装备的商用车辆，通常采取发动机前置后轮驱动，且多采用 4×2(4 表示车轮总数，2 表示驱动轮数，每侧装双轮时，仍记作一个驱动车轮)的驱动形式。

货车可以分为以下 6 小类：

①普通货车。普通货车是一种在敞开(平板式)或封闭(厢式)载货空间内载运货物的货车，如图 1-17 所示。

②多用途货车。多用途货车是指在设计和结构上主要用于载运货物的车辆，在驾驶员座椅后带有固定或折叠式座椅，可运载 3 个及以上的乘客的货车，如图 1-18 所示。

图 1-17　普通货车

图 1-18　多用途货车

③全挂牵引车。全挂牵引车是一种牵引杆式挂车的货车，它本身可在附属的载运平台上运载货物。

④越野货车。越野货车是指在设计上所有车轮可以同时驱动，或其几何特性、技术特性和性能允许其在非道路上行驶的货车，如图 1-19 所示。

⑤专用作业车。专用作业车是指在设计和技术上用于特殊工作的货车。消防车、救险车、垃圾车、应急车及清洁车等均属于专用作业车，分别如图 1-20、图 1-21、图 1-22、图 1-23 及图 1-24 所示。

图 1-19　越野货车

图 1-20　消防车

图 1-21　救险车

图 1-22　垃圾车

图 1-23　应急车

图 1-24　清洁车

⑥专用货车。专用货车是指在设计和技术特性上用于运输特殊物品的货车，罐式车、乘用车运输车及集装箱运输车等均属于专用货车。

3. 按行驶机构特征分类

汽车按行驶机构特征可分为轮式汽车、履带式汽车、气垫车、雪橇式汽车、螺旋推进式汽车、车轮-履带式汽车及步行机构式汽车等。

1)轮式汽车

轮式汽车是指通过车轮承载车重并传递驱动和制动力矩的车辆，现在的汽车多属于此类。

2)履带式汽车

履带式汽车以履带代替车轮与地面发生作用，提高了汽车的越野能力。

3)气垫车

气垫车也称为气垫船，因为它主要用于水域或无路地区的行驶。在气垫车上，由高压气体形成的气垫代替车轮支撑车重，为减少气体泄漏，车体下部周边有柔性裙部。气垫产生的升力使车体离开地面或水面以消除摩擦阻力；同时，气垫又起悬架作用，使车体弹性地悬浮于路面或水面之上。气垫车的前进推力和方向控制靠车后的螺旋桨和舵，也可靠左、右两个螺旋桨不同的操作实现方向控制。如图 1-25 所示为气垫车。

4)雪橇式汽车

雪橇式汽车采用螺旋桨产生推动力，用雪橇完成在冰雪路面上的滑行，如图 1-26 所示。

图 1-25　气垫车

图 1-26　雪橇式汽车

5)螺旋推进式汽车

螺旋推进式汽车是专为通过沼泽、草地等易于沉陷地带而设计的汽车，车架下布置了左、右两个兼作浮筒的螺杆状螺旋推进器，它们的螺旋方向不同。通过控制两个推进器的转向和转速可以实现汽车的转向和变速。

图文
螺旋推进式汽车

6)车轮-履带式汽车

车轮-履带式汽车配有可以换位使用的车轮和履带，扩大了其使用范围。

7)步行机构式汽车

步行机构式汽车是用跨步式行走机构代替车轮的汽车，它具有很强的通过能力，可用作探险车、月球车等。

4. 按行驶道路条件分类

汽车按行驶道路条件主要可分为公路用车和非公路用车两类。公路用车主要行驶于城市道路和等级公路(包括高速公路和 1～4 级公路)上。非公路用车有两类，一类是由于其总质量、单轴轴载量或外廓尺寸超出公路、桥涵和交通法规的限制而只能在矿山、工地、机场、工厂内部或各种专用道路上行驶的汽车，如大吨位矿用自卸车、大型挖掘机等；另一类是既能在非公路地区行驶又可在公路上行驶的越野汽车。越野汽车的结构特点是全轮驱动，传动系带分动器，具有高摩擦差速器或差速器锁。越野汽车按轴数可分为两轴、三轴和四轴式，按越野能力可分为一般越野性和高越野性两类。一般越野性汽车大部分是 4×4 驱动形式，常用作民用和军用后勤车；而高越野性汽车多为 6×6 及 8×8 驱动形式，常用作军用战术车。

三、汽车的总体构造

汽车是由数百个总成，上万个零部件装配而成的。不同的车型结构千差万别，但都由发动机、底盘、车身及其附件和电器设备 4 部分组成，专用汽车还有其他专用设备，如图 1-27 所示。

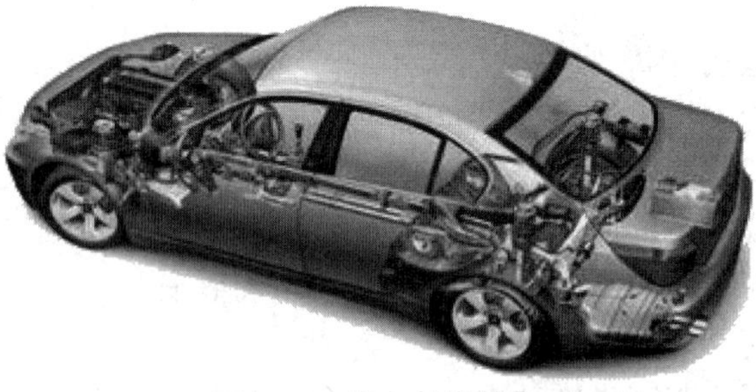

图 1-27　汽车总体构造

1. 发动机

发动机是汽车的动力源，如图 1-28 所示。其作用是：使燃料燃烧，将热能转变成机械能，驱动汽车行驶，并驱动其他机电设备。汽车所用动力装置的类型，对于汽车的总体及部件的构造有决定性的影响。目前，国内外汽车绝大多数采用往复活塞式内燃机作为动力装置。

图 1-28　发动机

2. 底盘

底盘是汽车的骨架，用来支撑车身和安装所有部件，同时将发动机的动力传递到驱动轮，还要保证汽车按照驾驶人的意志正常行驶。如图 1-29 所示，汽车底盘由传动系、行驶系、转向系和制动系 4 部分组成。

图 1-29　汽车底盘主要组成

(1)传动系。传动系用来将发动机动力传递给驱动车轮。传动系包括离合器、变速器、万向传动装置和驱动桥等部件。

(2)行驶系。行驶系用于将汽车各总成、部件连接成一个整体，起到支持全车并保证车辆正常行驶的作用。行驶系包括车架、车桥(转向从动桥、驱动车轮)和悬架(前悬架、后悬架)等部分。

(3)转向系。转向系能够保证汽车按照驾驶人所选定的方向行驶，由带转向盘的转向器和转向传动机构组成。

(4)制动系。制动系用以降低汽车速度或停车，或在汽车下坡时使车速稳定，或使汽车在原地可靠地停驻。

3. 车身及其附件

车身的作用主要用来覆盖、包装和保护汽车零部件，提供装载货物的空间，以及对驾驶人和乘员提供舒适的乘坐环境。车身附件是安装于车身之上的附属设备，如座椅、空调、风窗刮水器、玻璃升降器、点烟器、音响和通信设备等。如图 1-30 所示即为汽车车身及其附件。

图 1-30　汽车车身及其附件

4. 电器设备

电器设备包括电源、灯光系统、点火系统、起动系统、仪表、传感器与报警装置、空调、自动检测装置等。如图 1-31 所示为汽车前照灯。

图 1-31　汽车前照灯

汽车结构的发展过程是不断出现矛盾和解决矛盾的过程。因此，汽车是解决其使用、制造和维修过程中出现的一系列矛盾的结果，其结构形式并不是一成不变的。随着科学技术的发展，汽车的总体和部件的构造必将不断完善。

四、汽车的编号

不同类型的汽车有一个统一的型号编排规则。按照此规则，当面对一辆汽车时，可以很直观地了解该车最重要的信息，从而给汽车的生产、销售、使用、维修和管理带来很大的方便。根据规定，汽车的编号依次由企业名称代号、车辆类别代号、主参数代号、产品序号及企业自定代号组成，如图 1-32 所示。

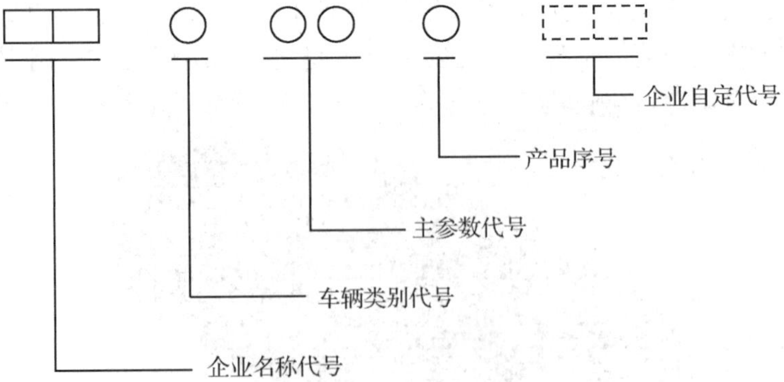

图 1-32　汽车的编号组成

1. 企业名称代号

企业名称代号通常用制造或改装该车型的企业名称中最重要的 2 个或 3 个字的汉语拼

音首字母表示，如 EQ 表示东风汽车公司（二汽），NJ 表示南京汽车公司等，但也有少数例外，如 CA 表示第一汽车集团。

2. 车辆类别代号

车辆类别代号用 1 位阿拉伯数字表示，各数字及所代表的汽车类型见表 1-1。

表 1-1　车辆类别代号及汽车类型

车辆类别代号	汽车类型	车辆类别代号	汽车类型	车辆类别代号	汽车类型
1	载重车	4	牵引车	7	轿车
2	越野车	5	专用车	8	待用
3	自卸车	6	客车	9	挂车

3. 主参数代号

主参数代号是表明车辆主要特性的代号。不同类型的汽车主参数表示的意义是不同的，一般按下列规定用两位阿拉伯数字表示。

①载货汽车、越野汽车、自卸汽车、牵引汽车、专用汽车与半挂车的主参数代号为车辆的总质量（t）。当总质量在 100 t 以上时，允许用 3 位数字表示。

②客车的主参数代号为车辆长度（m）。当车辆长度小于 10 m 时，应精确到小数点后一位，并以长度值的 10 倍数值表示。

③轿车的主参数代号为发动机排量（L）。该代号应精确到小数点后一位，并以其值的 10 倍数值表示。

④专用汽车及专用半挂车的主参数代号在采用定型汽车底盘或定型半挂车底盘改装时，若其主参数与定型底盘原车的主参数之差不大于原车的 10%，则应沿用原车的主参数代号。

⑤主参数的数值修约按《数值修约规则》的规定。

⑥主参数不是规定的位数时，在参数前以“0”补位。

4. 产品序号

产品序号是生产厂家用来区别本厂生产的同类型、同主参数而产品系列不同或经过改进之后的产品，用 1 位阿拉伯数字表示。一般用数字 0 表示第一代，经过一次较大的改进后用数字 1 表示，依次类推。

5. 企业自定代号

企业自定代号由企业决定，可以用字母表示，也可以用数字表示，表示的内容也比较灵活，一般为该产品最突出的特征，如发动机代号、驾驶室代号及轴距代号等。代号的具体意义由企业定义。

编制型号举例：

【例 1】CA1091 是中国第一汽车制造厂生产的第二代载货汽车，总质量为 9 310 kg。

【例 2】EQ2080 是中国第二汽车制造厂生产的越野汽车，越野时总质量为 7 720 kg。

【例 3】SH3600 是中国上海重型汽车厂生产的第一代自卸汽车，总质量为 59 538 kg。

【例 4】HY4300 是中国汉阳特种汽车制造厂生产的第一代公路上行驶总质量为 30 000 kg 的牵引汽车。

【例 5】TJ6481 是中国天津客车厂生产的第二代车长为 4 750 mm 的客车。

【例 6】SC7081C 是中国长安铃木汽车制造厂生产的第二代奥拓快乐王子轿车，发动机排量为 0.796 L 及 0.8 L。

五、汽车的特征参数与性能指标

1. 汽车的主要特征参数

1)汽车的主要尺寸参数

汽车的主要尺寸参数包括轴距、轮距、总长、总宽、总高、前悬、后悬等，如图 1-33 所示。

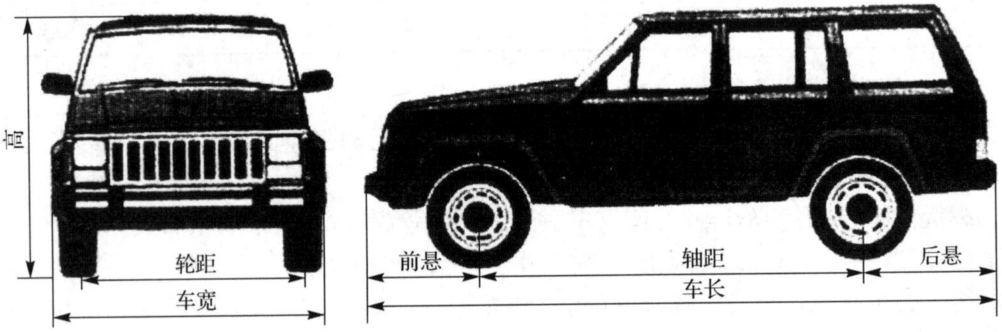

图 1-33　汽车的主要尺寸参数

(1)轴距。轴距指车轴之间的距离。对双轴汽车，轴距就是前、后轴之间的距离；对三轴汽车，轴距是指前轴与中轴之间的距离和前轴与后轴之间的距离的平均值。

(2)前、后轮轮距。汽车轮距对总宽、总质量、横向稳定性和机动性都有较大影响。轮距越大，则悬架的角度越大，汽车的横向稳定性越好。但轮距过大，会使汽车的总宽和总质量过大。

(3)汽车的外廓尺寸。汽车的外廓尺寸包括总长、总宽和总高。我国对公路车辆的限制尺寸是：总高不大于 4 m；总宽(不包括后视镜)不大于 2.5 m，左、右后视镜等突出部分的侧向尺寸总共不大于 250 mm；总长对于载货汽车及越野汽车不大于 12 m，牵引汽车带半挂车不大于 16 m，汽车拖带挂车不大于 20 m，挂车不大于 8 m，大客车不大于 12 m，铰接式大客车不大于 18 m。

(4)汽车前悬与后悬。汽车前悬是指汽车前端至前轮中心之间的距离。前悬处要布置发动机、弹簧前支架、车身前部、保险杠和转向器等，要有足够的纵向布置空间。前悬也不宜过长，以免使汽车的接近角过小而影响通过性。

汽车后悬是指汽车后端至汽车后轮中心之间的距离。后悬长度主要与货厢长度、轴距及轴荷分配有关。后悬也不宜过长，以免使汽车的离去角过小而引起上、下坡时刮地，同时转弯也不灵活。

2)汽车的质量参数

汽车的质量参数主要包括汽车的装载质量、整备质量、总质量、整备质量利用系数和轴荷分配等。

(1)汽车的装载质量。乘用车以座位数计算，包括驾驶员座位在内最多不超过 9 个座位；商用车中的客车以载客量计，商用车中的载货汽车以其在良好的硬路面上行驶时所装载货物质量的最大限额(t)计。

超载将导致车辆早期损坏，制动距离变长，甚至造成交通事故。

(2)汽车的整备质量。汽车的整备质量指汽车在加满燃料、润滑油、工作液(如制动液)及发动机冷却液并装备(随车工具及备胎等)齐全后但未载人、载货时的总质量。整备质量越小的汽车，燃油消耗越少，经济性越好。

(3)汽车的总质量。汽车的总质量指已整备完好、装备齐全并按规定载满客、货时的汽车质量。

(4)汽车的整备质量利用系数。汽车的整备质量利用系数指载货汽车的装载量与其整备质量之比。它表明单位汽车整备质量所承受的汽车装载质量。此系数愈大表明该车型的材料利用率及设计与工艺水平愈高。

(5)汽车的轴荷分配。汽车的轴荷分配指汽车空载和满载时的整车质量分配到各个车轴上的百分比。它对汽车的牵引性、通过性、制动性、操纵性和稳定性等主要性能及轮胎的寿命，都有很大的影响。

2. 汽车的主要性能指标

汽车主要性能指标含汽车的动力性能(最高车速、加速时间、爬坡性能)、经济性能(汽车的燃料消耗量)、制动性能(汽车的制动距离)、通过性能(最小转弯半径、汽车的最小离地间隙、接近角、离去角、纵向通过角)、操纵稳定性和汽车有害气体排放等。

1)动力性能指标

(1)汽车的最高车速。汽车的最高车速指在水平良好路面(混凝土或沥青)上和规定装载质量条件下汽车所能达到的最高车速(km/h)，它是汽车的一个重要动力指标。目前普通轿车最高车速一般为 150～200 km/h。

(2)汽车的加速时间。汽车的加速时间指汽车加速到一定车速所需要的时间。常用原地起步加速时间与超车加速时间表示。它也是汽车动力性能的重要指标。轿车的加速时间常用 0～100 km/h 的换挡加速时间来评价，如普通轿车为 10～15 s。

(3)汽车的爬坡性能。汽车的爬坡性能指汽车满载在良好路面匀速行驶的最大爬坡度 i_{max}。如果汽车能爬上角度为 θ 的坡，则 $i_{max}=\tan\theta\times100\%$。一般汽车的爬坡度要求在 30%(约 16.7°)左右。越野车的爬坡度要求更高，一般在 60%(约 31°)左右。

2)经济性能指标

汽车的燃料经济性常用汽车的燃料消耗量作为评价指标。汽车的燃料消耗量通常以百公里油耗衡量，即汽车在良好的水平硬路面以一定载荷(轿车半载、货车满载)及最高挡匀速行驶 100 km 的燃料消耗量，单位为 L/100 km。

3)制动性能指标

汽车的制动距离指在良好的试验跑道上在规定的车速下紧急制动(紧急制动时踏板力对货车要求不大于 700 N，轿车要求不大于 500 N)时，由踩制动踏板起到完全停车时的距离。我国通常以 30 km/h 和 50 km/h 车速下的最小制动距离来评价汽车的制动性能。如普通轿车在 30 km/h 车速下的最小制动距离为 5.5～6.5 m，中型载货车为 6.5～8.0 m。

4)通过性能指标

(1)最小转弯半径。最小转弯半径是指当转向盘转到极限位置、汽车以最低稳定车速转向行驶时,外侧转向轮的中心平面在支承平面上滚过的轨迹圆半径 R。它表征了汽车能够通过狭窄弯曲地面的能力。最小转弯半径越小,汽车的机动性越好。轿车的最小转弯半径一般约为轴距的 2～2.5 倍。

(2)汽车的最小离地间隙。汽车的最小离地间隙指汽车满载、静止时,平直地面与汽车上的中间区域最低点之间的距离,用 C 表示,如图 1-34 所示,它反映了汽车无碰撞地通过地面凸起的能力。

(3)接近角 γ_1,与离去角 γ_2。接近角是指汽车满载、静止时,前端突出点向前轮所引切线与地面间夹角,用 γ_1 表示;离去角是指汽车满载、静止时,后端突出点向后轮所引切线与地面间的夹角,用 γ_2 表示。接近角和离去角表示汽车接近和离开障碍物的能力,γ_1 和 γ_2 越大,通过性越好。

(4)纵向通过半径 ρ_1 与横向通过半径 ρ_2。纵向通过半径是指在纵向平面内与前后车轮外圆和汽车中部最低点相切的圆弧半径,用 ρ_1 表示;横向通过半径指在横向平面内与左右车轮外圆和汽车中部最低点相切的圆弧半径,用 ρ_2 表示,如图 1-34 所示。它们表示通过陡坡的能力,ρ_1 和 ρ_2 越小,汽车通过性越好。

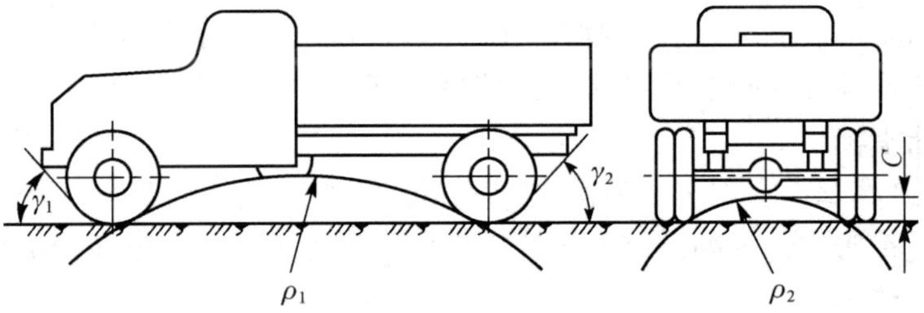

图 1-34　汽车通过性能指标

5)运转性能指标

(1)排放指标。发动机的排气中含有多种对人体有害的物质,主要有一氧化碳(CO)、碳氢化合物(HC)、氮氧化物(NO_x)、二氧化硫(SO_2)、醛类和微粒(含碳烟)等。各国均制定了相应的汽车排放标准,我国排放标准参照欧洲法规体系执行。汽车排放标准以汽车尾气中有害气体的含量来衡量。

(2)噪声。噪声是汽车运行时发出的一种声强和频率无一定规律的声音,主要有燃烧噪声和机械噪声。汽车噪声是城市主要噪声源之一,发动机又是汽车的主要噪声源,应该给予控制。我国的噪声标准中规定,小型水冷汽油机噪声不大于 110 dB,轿车的噪声不大于 82 dB。

(3)起动性能。起动性能是表征发动机启动难易的指标。发动机起动性能好,便于汽车起步行驶,同时减少了起动时的功率消耗和发动机的磨损。起动性能一般以一定条件下的起动时间长短来衡量。我国标准规定,不采用特殊的低温起动措施,汽油机在－10 ℃、柴油机在－5 ℃以下的气温条件下起动,能在 15 s 以内达到自行运转。

6)可靠性与耐久性性能指标

可靠性与耐久性也是汽车发动机使用中的两个重要指标。

可靠性是指发动机在规定的运转条件下，具有持续工作、不至因为故障而影响正常运转的能力。一般以保证期内的不停车故障数、停车故障数、更换主要零件和重要零件数等具体指标来衡量。按照汽车发动机可靠性试验方法的规定，我国汽车发动机应能在标定工况下连续运行 300～1 000 h。

耐久性是指发动机在规定的运转条件下，长期工作而不大修的性能。它一般以发动机从开始使用到第一次大修前累计运转的时间表示。

CHAPTER 2

第二章

汽车的历史与发展

一、汽车的诞生

1. 车轮和古代的车

1）车轮的出现

车轮是车上最重要的部件，《周礼·考工记序》中的“察车自轮始”的意思就是“车是从轮子开始的”。因此，轮转工具的出现和使用是车问世的先决条件。在我国新石器时代，随着手工业的不断发展，人们创造出许多轮转工具，如纺线用的纺轮、制陶用的陶车等。纺轮出现的时间最早，考古工作者在浙江余姚河姆渡新石器时代早期（距今 7 000 多年）遗址中就发现了它的踪迹。继纺轮之后，出现了陶车。山东、河南、广东、浙江等地的新石器时代晚期遗址中都出土了轮制陶器，这标志着陶车在当时已普遍使用，其技术也达到了相当高的水准。

在车轮发明之前，人们无论是狩猎、耕种，还是搬运物品，只能靠手拉肩扛、众人搬抬。大约在公元前 5000 年至公元前 4000 年的原始社会，人类祖先在长期的劳动实践中，把狩猎来的动物进行驯养，发现可以用这些驯服的兽类来驮运一些较重的物品。后来人们为了能搬运更多更重的东西，又发明了橇，并且利用驯服的兽类来拉橇。直到今天，狗拉雪橇仍然是雪地的重要交通工具。橇在雪地里使用还是比较方便的，可是在普通的路面上拉橇就非常费力了。人们在实际使用中发现，如果在橇下面垫有圆的石头，拉起橇来就省力多了。后来人们又使用圆木来代替石头，拉橇的时候不断在前进的道路上重复铺设，拉起橇来就更轻松了。这种圆木和橇的结合，可以说是车的雏形，装在橇下的圆木可以视为一对装在车轴上的最原始的特殊形式的车轮，其车轴的直径恰好等于车轮的直径，而且两者是一个整体。这种“车轮”的出现是人类在更高层次上对轮子的功能的利用。车轮无疑是人类历史上最重要的发明之一。

最早的车轮大约出现在公元前 3500 年的美索不达米亚（Mesopotamia，古巴比伦的所在地，今叙利亚东部和伊拉克境内)，没有人知道早期制造车轮的工匠的姓名，也许他们是从陶工那里得到启发。如图 2-1 所示为考古学家在美索不达米亚挖掘出的有镶嵌物装饰的木箱，可以清晰地看到古代双轮马拉战车的木制车轮。

早期的车轮只是将一些圆形的板和轴牢牢地钉在一起，到公元前 3000 年时，已将轴装到手推车上，轮子不直接和车身相连。以后不久，又出现了装有轮辐的车轮。早期的车轮如图 2-2 所示。利用车轮滚动而行，减少了车与地面的摩擦，既省人力又可较多地载运重物，还可以长途运输。有了车轮，车的创造就成为可能的事。车的问世标志着古代交通工具的发展进入了一个新的阶段。

图 2-1　美索不达米亚最早出现的车轮图

图 2-2　早期的车轮

2)车的发明

(1)马车。

公元前 1675 年，古埃及人发明了有制动装置的马车，能使马车在很短的距离内停下来。到了 12 世纪，古罗马人发明了前轴可以转向的四轮马车，使马车的结构开始有了较大的变化，四轮马车比两轮马车行驶起来更平稳，运载量也更大，如图 2-3 所示为早期的四轮马车。进入 13 世纪后，四轮马车在欧洲已经十分盛行，此时马车的车厢也开始采用弹簧悬置结构，并加大了后轮的直径，使乘坐的舒适性大大提高；同时，适合马车行驶的道路也逐渐建立起来。到了 16 世纪，欧洲的马车制造业已相当发达，马车的制造技术也有了显著的提高，此后的 1 000 多年时间里，马车成为世界各国主要的运输工具。由于马车不仅能拉货，同时也能载人远行，所以是人类历史上使用时间最长、最有影响力的陆地交通运输工具之一。

图 2-3　早期的四轮马车

(2)我国第一辆车。

在我国，据说黄帝就成功制造过车辆，所以黄帝又称为“轩辕黄帝”。“轩”是古代一种有帷幕且前顶较高的车,“辕”是车的纵向构件,指车驾牲畜的两根直木。不过,黄帝造车的传说迄今为止尚未找到确凿的史料记载。

我国有关车辆的最早史料记载是在夏朝初期的大禹时代,有一位叫奚仲的“车正”(掌管车辆的官员),他发明的车由两个车轮架起车轴,车轴固定在带辕的车架上,车架附有车厢,用来盛放货物,如图 2-4 所示。由此可知,在大禹时代,车辆的数量已有相当的规模,因此,需要设立“车正”来进行车辆管理。

(3)战车。

畜力车的发明为战车创造了条件,战车在战国时期达到鼎盛期。这时的战车多为双辕双轮式,由一匹马拉动,车上搭乘三位士兵,一位负责驾车,另两位参加战斗。在汉朝,大型的马车已开始采用四轮结构,而拉车的马最多时可达 8~12 匹,如图 2-5 所示为四马战车。

图 2-4　奚仲发明的单辕车

图 2-5　汉朝时期的四马战车

(4)记里鼓车和指南车。

在车辆发展过程中,有重要参考价值的应为记里鼓车和指南车。

记里鼓车的发明人为东汉科学家张衡。据记载,记里鼓车分上下两层,上层设一钟,下层设一鼓。记里鼓车上有小木人,头戴峨冠,身穿锦袍高坐车上。车走 1 里(500 m),木人击鼓一次,当行进 10 里,就击钟一次。其是利用齿轮传动原理,由车轮带动大小不同的一组齿轮,使车轮走满 1 里时,其中一个齿轮刚好转动一圈,该轮轴拨动车上的木人敲鼓或击钟,进而报告行程。记里鼓车被誉为汽车里程表和减速装置的先驱。如图 2-6 所示为记里鼓车。

指南车是我国古代用于指示方向的一种轮式机械车,又称为司南车。指南车是利用差速齿轮的原理设计而成。车上有一个小木人,无论车子前进、后退或是转弯,木人的手一直指向南方。如图 2-7 所示为指南车。

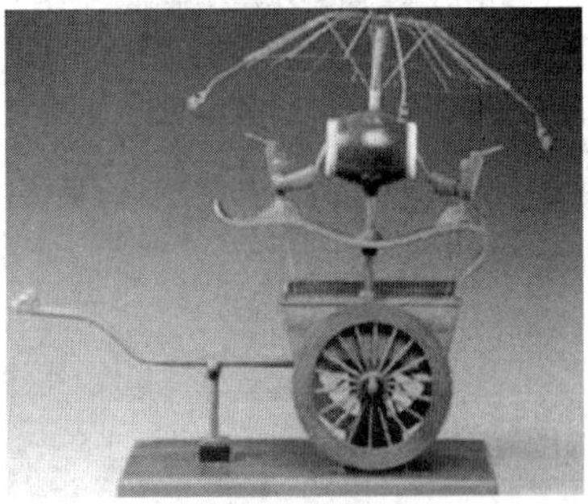

图 2-6　记里鼓车

图 2-7　指南车

3)机动车初探

(1)设想汽车。

古代的车辆总要靠牲畜拉,速度和载重量都受到很大的限制,人们渴望能制造出载重量及速度较大的自动车辆。我国唐代著名的高僧、天文学家僧一行(原名张遂,公元683—727年)曾提出设想:“激铜轮自转之法,加以火蒸汽运,名曰汽车。”他是世界上最早提出自动行驶车辆概念的人,比西方人设想汽车的时间要早700~800年。

(2)滑轮车。

大约1420年,西方国家制造出了一种滑轮车,如图2-8所示。人坐在车内,不停地拉动绳子转动滑轮,即可带动车轮使车走起来。由于人力有限,这种车的速度非常缓慢,甚至比步行还要慢,而且只要稍微有一点上坡路就很难行驶了。滑轮车不具备实用价值,故未能得到发展。

图2-8　滑轮车

(3)发条车。

意大利的文化巨匠、文艺复兴时期的杰出代表达·芬奇也开始探索自动行驶车辆的奥秘。他设想使一个带齿的圆盘进行水平旋转,旋转的力可驱动带有齿轮的车轴和车轮,车就可以自行前进了。但达·芬奇的工作仅仅只限于理论上的研究,并没有进行实际试制,他所提出的利用发条结构作为车辆原动力的初步设想,在长时间内也没有能够引起人们的重视,设计草图被收藏在米兰市安布罗加图书馆而一直无人问津。

1649年,德国的钟表匠汉斯·赫丘根据达·芬奇的设计图试制成功了一辆依靠发条驱动的四轮车,如图2-9所示。这台发条车的时速不到1.6 km,而且每前进230 m,就必须把钢制发条卷紧一次。这和人们戴的机械手表要每隔一段时间上一次发条是一个道理。可是手表上的发条很容易上,而这种车辆上的发条要上一次却不是一件简单的事,它需要的劳动强度很大,所以发条车也没有能够得到发展。但在当时,发条车可算作是一件稀世珍宝,被瑞典王子卡尔·古斯塔夫用重金买下。

(4)双桅风力帆车。

1600年,荷兰物理学家西蒙·斯蒂芬根据帆船靠风力推行的原理制造出双桅风力帆车。

双桅风力帆车如图2-10所示,它可以看作是在帆船上装上四个车轮,也可看作是在马车上装上了桅帆,凭借风力驱动帆车前进,这辆帆车可谓是汽车的雏形。据说这辆车在理想的风力条件下，时速可达 24 km。当时沿着荷兰的海岸线奔驰，人们感到很惊奇，但是没有风，帆车就不能开动，况且风和道路的方向会不断变化，所以这是一辆“不听话的汽车”。

图 2-9　发条车

图 2-10　双桅风力帆车

2. 蒸汽汽车的发展史

按照汽车的定义，只有通过自身携带动力驱动装置的车才能称为汽车。因此，早期的人力车、畜力车和风力车等都不能算是真正意义上的汽车，最早的汽车应该为蒸汽机汽车。

1)蒸汽机的发明

(1)萨维利蒸汽抽水机。

17 世纪末，英国完成了资产阶级民主革命，工业有了前所未有的发展，对燃料需求量剧增，煤矿开采的规模越来越大，面临的尖锐问题就是如何解决矿井积水，很多工程师都在潜心研制可用于生产的非人力抽水机。直到 1698 年，英国工程师托马斯·萨维利(见图 2-11)利用抽气机原理制造了第一台用蒸汽作为动力的矿用抽水机。

萨维利蒸汽抽水机如图 2-12 所示，两个铜金属容器用来交替充装蒸汽。高压蒸汽喷入一个金属容器中，用冷水冷却它，从而使金属容器内气体压力骤减产生真空，将矿井里的水抽出来。这种抽水机除了阀门外，没有可运动的其他部件。

图 2-11　托马斯·萨维利

图 2-12　萨维利蒸汽抽水机

萨维利蒸汽抽水机在冷却蒸汽的同时，也把整个容器都冷却了。因此，在下一次抽水时，又要将整个容器再加热，这就浪费了大量的热能，热效率非常低。

萨维利蒸汽抽水机被发明的同时，法国物理学家巴本也设计出一种以蒸汽为动力的抽水机。与萨维利的抽水机相比，巴本的抽水机在汽缸里加上了可移动的活塞，活塞的出现拓宽了蒸汽机的应用范围。但是，由于当时法国生产力落后，对动力机的需求还不迫切，加之巴本的设计仍然存在很多缺陷，因而巴本蒸汽机没能够在生产中得到应用。

(2)纽柯门蒸汽机。

1712 年，英国工程师托马斯·纽柯门(见图 2-13)制成了纽柯门蒸汽机。

纽柯门蒸汽机如图 2-14 所示，它结合了萨维利机和巴本机的优点，蒸汽通入汽缸后推动活塞，然后向汽缸中喷水使其冷却，冷却后的汽缸内压下降，汽缸里的活塞在大气压力的推动下向上运动，带动抽水泵抽水。

图 2-13　托马斯·纽柯门

图 2-14　纽柯门蒸汽机

虽然纽柯门蒸汽机的活塞每分钟只能运动 10 次，但已经极大地提高了抽水的效率，与萨维利机相比，可更为方便地用于矿井抽水。由于纽柯门机的基本原理和萨维利机一样，因此，其热效率依然很低。即使如此，由于工人操作纽柯门机的劳动强度较萨维利机减少了，因此，在那个时期，纽柯门机已广泛应用于矿井抽水和农业灌溉等方面。

(3)瓦特改进蒸汽机。

18 世纪 60—80 年代，詹姆斯·瓦特(见图 2-15)在总结前人经验的基础上研制出真正具有实用价值的蒸汽机。

1736 年 1 月 19 日，瓦特出生在苏格兰的一个名为格里诺克的小镇。由于父亲的职业关系，少年瓦特见到与接触的机械非常多，并对机械产生了兴趣。1757 年，瓦特到格拉斯哥大学当了一名修理教学仪器的技工。1763 年，学校请瓦特修理一台从伦敦买来的纽柯门蒸汽机。他在修理这台机器的过程中发现纽柯门蒸汽机的冷凝装置很不合理，利用效率低，浪费原料。此后，瓦特开始思考改进的方法。1765 年 5 月，瓦特对纽柯门蒸汽机进行了改进，制成了一台试验性的机器。这台机器采用了冷凝与汽缸分离的设计，使得蒸汽机的效率大为提高。1769 年，瓦特与博尔顿合作，发明了装有冷凝器的蒸汽机，如图 2-16 所示。

1782 年，瓦特进一步改进原有汽缸的结构，制成双冲程蒸汽机。双冲程蒸汽机的蒸汽可以从汽缸的两端分别进入汽缸，蒸汽推动活塞往复运动，彻底改变了纽柯门蒸汽机利用大气压力推动活塞做功的情况，并首次把引入汽缸的低压蒸汽变为高压蒸汽，瓦特蒸汽机完全取代了纽柯门蒸汽机。

1784 年，为了便于速度转换，瓦特把纽柯门蒸汽机的杠杆转动改变为曲轴和齿轮转动，使活塞的直线运动变为曲轴的旋转运动，从而制成了能够连续转动的通用蒸汽机。这种蒸汽机经济性能好、效率高，获得了广泛应用。

图 2-15　詹姆斯·瓦特

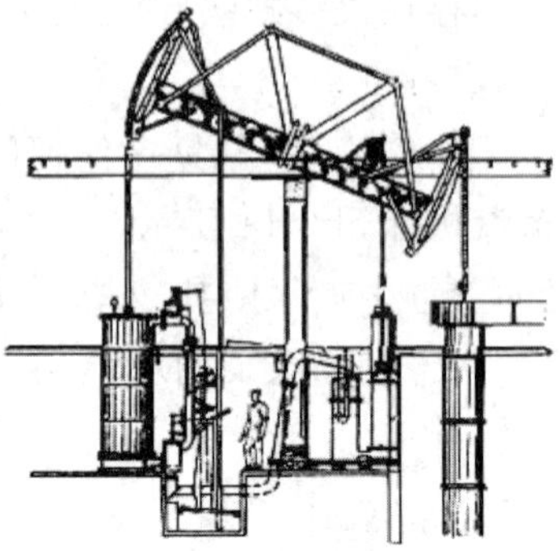

图 2-16　瓦特蒸汽机

瓦特为现代蒸汽机的发明花费了 20 多年的时间，为之后一个多世纪世界工业的迅猛发展作出了不可磨灭的重要贡献，有力地推动了社会的前进。恩格斯在《自然辩证法》中这样写道，“蒸汽机是第一个真正国际性的发明”。后人为了纪念这位伟大的发明家，把功率的单位定为“瓦特”。

图文
历史上的蒸汽汽车

2)蒸汽汽车的发明

(1)第一辆蒸汽汽车。

1670 年，比利时传教士南怀仁(康熙帝的数学老师)在北京成功制造了一辆“蒸汽涡轮车”(见图 2-17)。这辆车长 60 cm，有四个车轮和一个导向轮，车身中央安置一个煤炉，煤炉上安置盛水的金属曲颈瓶。水被加热到沸腾至汽化，产生一定的压力，蒸汽由弯曲的瓶口高速射出，叶轮在蒸汽的冲击下转动，产生的动力通过齿轮传递给车轮，驱动车子前进。此车并没有引起清政府的重视，南怀仁的这项发明没有得到进一步的发展。

(2)配置蒸汽机的蒸汽汽车的发明。

蒸汽机发明以后，设计师们纷纷进行将它应用于车辆上的研究工作。

1769 年，法国炮兵大尉卡格诺研制成功了第一辆装有蒸汽机的三轮汽车。

如图 2-17 所示，这辆车的车身用很笨重的木头框架制成，由三个铁轮支撑，前轮直径为 1.28 m，后轮直径为 1.5 m，车长 7.32 m，车高 2 m。车的前面支撑着一个梨形大锅炉，锅炉容积为 50 L，锅炉后面有两个容积为 4.5 L 的汽缸，锅炉产生的蒸汽送入汽缸，推动活塞上下运动，经由机械连接杆件把活塞的运动传给前轮，使前轮转动。这种车可以连续行驶 12～15 min。由于此车的锅炉供气不足，蒸汽机的效率又很低，车子只能走走停停，时速很小，约为 4 km/h。在试车过程中，由于操纵困难，不断发生交通事故，曾撞到兵工厂的石墙上，引发世界上第一起机动车交通事故，如图 2-18 所示。

数月后，卡格诺又制成了一台大型的蒸汽汽车。此车能牵引 5 t 重的大炮，每小时可行驶 9 km。这辆 200 多年前的汽车先祖现在珍藏在巴黎的国家技术及机械品博物馆内。

图 2-17　第一辆蒸汽机汽车

图 2-18　世界上第一起机动车交通事故

(3)水陆两用蒸汽汽车。

卡格诺的尝试给后人以极大的启发和激励,英国人也开始跃跃欲试。蒸汽机汽车发展的舞台由法国转向了英国。

1801 年,英国工程师理查德·特雷维西克将他改进设计的高压蒸汽机装在一辆大型的三轮车上。该车采用后轮驱动,轮直径达 2.5 m。由于车身高大,开车的人和乘车的人都要费很大的劲才能攀上车去。不幸的是,此车在一次上坡行驶时发生了故障,锅炉因缺水而被烧毁。特雷维西克并没有因此而气馁,1803 年,他又制造出一辆能承载 8 名乘客的高压蒸汽机汽车,这辆车每小时能行驶 13 km,是世界上第一辆乘用车,它对汽车的实用化发展起了推进作用。

1805 年,美国人埃文斯首次制造了装备蒸汽机的水陆两用汽车,这项发明在美国获得了专利权。如图 2-19 所示,此车下面有 4 个车轮,后面还设置 1 个蹼轮,在陆地上靠车轮行走,在水里靠蹼轮驱动,它也是现代水陆两用汽车的先驱。现代水陆两用汽车如图 2-20 所示。

图 2-19　埃文斯制造的水陆两用车

图 2-20　现代水陆两用汽车

(4)蒸汽公共汽车。

1825年,英国公爵嘉内制成了第一辆蒸汽公共汽车。如图2-21所示,此车的发动机装在后部,后轴驱动,前轴转向。它采用了巧妙的专用转向轴设计,最前面两个轮并不承担车重,使转向可以轻松自如。1831年,嘉内利用这辆车开始了世界上最早的公共汽车运营业务,所以这辆车也被认为是世界上最早的公共汽车。

图2-21 第一辆蒸汽公共汽车

1833年4月,英国人汉考克创建了世界上最早的公共汽车运输公司——苏格兰蒸汽汽车公司。此公司的运输工具为由汉考克制造的“企业”号蒸汽汽车,该车可承载14名乘客,速度可达32 km/h。

1861年,英国政府制定了《机动车道路法案》,规定蒸汽车辆的时速在乡村不得超过16 km/h,在城镇不得超过8 km/h。1865年,这种时速限制就缩小到乡村不超过6.4 km/h,城镇不超过3.2 km/h,并且要求一辆车须有两名或以上驾驶员,手执红旗的车务员(“红旗法规”由此得名)必须走在车前20 m处警告行人注意安全,并负责限制车速,如图2-22所示。此法规中还规定,严禁驾驶员鸣笛,以免惊吓马匹,与马车相逢时,汽车要为马车让路。

图2-22 “红旗法规”由来

蒸汽汽车具有惯性大、制动困难、转向不灵敏、事故多、污染大、难起动及热效率低等缺点,因此,人们一直在探索新的汽车及其动力能源。随着内燃机汽车及电动汽车的发明制造和大量涌现,蒸汽汽车逐渐退出了历史舞台。

3. 内燃机汽车的诞生

1)内燃机的发明

内燃机是将燃料在汽缸内部燃烧产生的热能直接转化为机械能的动力机械。内燃机的出现是汽车发展中的一个崭新起点,通常所说的汽车都是指装有内燃机的汽车。人们习惯上把汽油机汽车发明的时间看作是汽车的诞生时间,而无形中否定了在此之前早就出现了的蒸汽汽车。目前,装有内燃机的汽车更是占据了绝对优势。

(1)惠更斯的火药机。

蒸汽机的燃料是在机体外面燃烧,将锅炉中的水加热产生蒸汽以推动活塞,进而驱动车轮转动,所以蒸汽机也被称为外燃机。

1673 年，荷兰的物理学家、数学家、天文学家惠更斯（见图 2-23）发明了采用火药在汽缸内燃烧进而推动活塞做功的机械，即火药内燃机，如图 2-24 所示。火药机又被称为“大气原理发动机”。它的工作原理如下：汽缸底部放置的火药爆炸后，推动活塞运动，当活塞运动到汽缸的上止点时，高温气体从排气口快速排出，同时使汽缸冷却，汽缸内产生真空，此时，活塞在大气压力的作用下向下移动，而重物通过绳索经滑轮连接活塞向上运动，当活塞到达汽缸底部时，火药又开始新一轮爆炸做功。

图 2-23　惠更斯

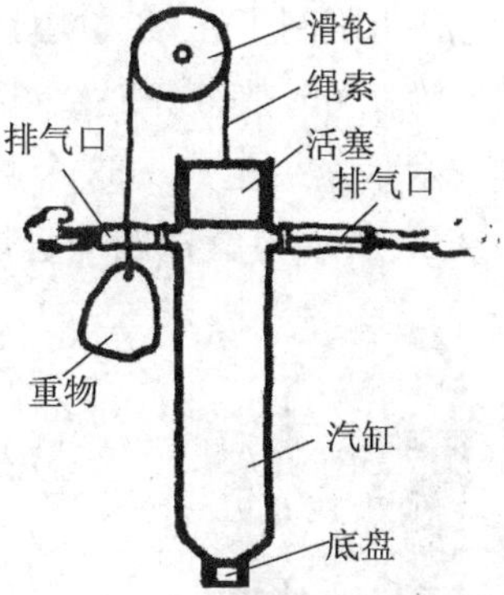

图 2-24　火药内燃机原理图

火药机被认为是内燃机的鼻祖。由于火药危险性大，火药机没有能够普及，但为后来的内燃机（特指汽油机和柴油机）的问世奠定了基础。

（2）煤气机。

煤气机是以煤气为燃料的发动机，历史上曾有不少这方面的发明和专利。

①雷诺尔煤气机。

1860 年，法国工程师雷诺尔制成了用电火花点燃煤气和空气混合气的煤气机。此煤气机结构类似蒸汽机，由水平放置的一个汽缸和双侧做功的活塞组成，用滑阀开闭控制进气和排气。由于没有压缩燃料的装置，所以其热效率只有 3%。

②奥托和兰根自由活塞发动机。

1866 年，德国发明家奥托和兰根合作制造了大气发动机，此大气机也称自由活塞发动机。

自由活塞发动机如图 2-25 所示，它的热效率比雷诺尔煤气机高 30%，其曾在巴黎世界博览会上获金奖。

③奥托内燃机。

谈到内燃机的发明，就不得不提尼古拉斯·奥托（见图 2-26），他是德国近代著名机械工程师、四冲程内燃机的发明者和推广者。

1832 年 6 月 14 日，奥托出生在德国霍兹豪森镇的一个工匠家庭。他的父亲是制表匠，母亲是普通的农民。奥托是家里的长子，也许与他的父亲是一名制表工匠有关，他从懂事起就对机械很感兴趣。1854 年，一篇批评蒸汽机的文章引起了奥托的注意，也就是从这一年起，奥托对蒸汽机的改造产生了浓厚的兴趣。从此，奥托走上了一条改变他的命运也改变了人类历史的道路。

图 2-25　自由活塞发动机

他独自钻研，反复研究，提出了内燃机动力方式的四冲程思想，具体内容如下：在煤气进入汽缸之前，先与空气混合成一种可燃性的混合气体，然后进入汽缸，在汽缸内进行空气压缩，使其在这种提高了压力的空气中进行燃烧，这样使汽缸内的温度升高，而后，膨胀了的空气逐步减压到初始状态时的大气压力，并推动气阀运动，由气阀运动产生的能量推动机车的运动，最后，汽缸排出所有的气体。这是对四冲程内燃机原理和特征的第一次简单而清楚的概括。因此，人们把内燃机的四冲程循环简称为“奥托循环”。

1876 年，奥托成功研制了在动力史上具有划时代意义的活塞式四冲程奥托内燃机，这种内燃机的压缩比为 2.66，热效率达到 14%，比没有压缩冲程的内燃机提高了约 13 倍，有力地证明了科学技术是第一生产力这个真理，也结束了 200 多年来人们寻找小型汽车动力源的历史。如图 2-27 所示为奥托四冲程煤气内燃机。

图 2-26　尼古拉斯·奥托

图 2-27　奥托四冲程煤气内燃机

1877 年 8 月 4 日，奥托内燃机获得德国专利，专利号为 532。1886 年，奥托放弃了自己所获得的四冲程内燃机专利，提出任何人都可根据需要随意制造，因为他看到了法国工程师罗彻斯写的一本小册子，在他发明四冲程内燃机之前罗彻斯已经较完整地提出了四冲程内燃机原理。奥托的高尚品德博得了人们的高度赞誉。

(3)汽油机。

汽油机是以汽油为燃料的发动机。由于汽油黏度小，蒸发快，可以在汽缸外部与空气形成均匀的混合气，混合气进入汽缸经过压缩达到一定的温度和压力后，用火花塞点燃，使气体膨胀做功。汽油机的特点是转速高，结构简单，质量轻，造价低廉，运转平稳，使用维修方便。因此，从 1886 年第一辆汽车开始，汽油机就在汽车上特别是小型汽车上大量使用，至今不衰。

1883 年 8 月 15 日，德国工程师戴姆勒(见图 2-28)与迈巴赫(见图 2-29)共同制造出了世界上第一辆四冲程往复式汽油机。此汽油机上安装了由迈巴赫设计的化油器，如图 2-30 所示，它的特点是功率大、质量小、体积小、转速及效率高，特别适合做交通工具。当时，其他内燃机的转速不超过 200 r/min，它却达到 800～1 000 r/min。

图 2-28　戴姆勒

图 2-29　迈巴赫

1885 年，戴姆勒与迈巴赫又成功研制出了世界上第一台风冷立式单缸二冲程汽油机，此汽油机的功率为 809 W，于 1885 年 4 月 3 日获得专利。之后，他们把它装在木制双轮车上，制成世界上第一辆摩托车，此车于 1885 年 8 月 25 日获得德国专利，成为摩托车的鼻祖。如图 2-31 所示为戴姆勒摩托车。

图 2-30　第一辆四冲程往复式汽油机

图 2-31　戴姆勒摩托车

(4)柴油机。

柴油机是以柴油为燃料的发动机。与汽油机的着火方式不同，柴油机采用压缩燃烧的方式，热效率比汽油机高。

1890 年，德国人鲁道夫・狄塞尔(见图 2-32)受面粉厂粉尘爆炸的启发，设想将吸入汽缸的空气高度压缩，使其温度超过燃料的自燃温度，再将燃料喷入汽缸，使之自行燃烧。1892 年 2 月 17 日，狄塞尔取得了此项技术的专利。

1894 年，鲁道夫・狄塞尔根据自己的设计制造出了样机，如图 2-33 所示。1898 年，样机投入商业性生产。柴油机是一项震惊世界的卓越发明，狄塞尔为此获得了“人类最伟大发明”金银纪念币奖。

不幸的是，作为优秀的工程师的狄塞尔缺乏商业头脑，他在经济上渐渐陷入困境。1913 年，狄塞尔已处于破产的边缘。这一年夏天，55 岁的狄塞尔在乘坐英吉利海峡的渡轮时失踪，但其发明的柴油机推动了汽车工业的发展。

图 2-32 鲁道夫·狄塞尔

图 2-33 狄塞尔柴油机样机

(5)其他内燃机。

1801 年,法国化学家菲利浦·勒本采用煤干馏得到的煤气和氢气作为燃料,制成了一台将煤气和氢气与空气混合后点燃产生膨胀力推动活塞做功的发动机,这项发明被誉为内燃机发展史上开拓性的发明。可惜的是,年仅 37 岁的勒本在参加当年拿破仑皇帝的加冕典礼时被暗杀,这是工业革命史上一次悲剧,否则内燃机的发明也许会提前许多年。

1862 年,法国的莱诺试制成功了二冲程卧式内燃机。二冲程卧式内燃机以天然气为燃料,转速为 100 r/min。1867 年,装有这种内燃机的车辆在世界博览会上当众表演,深受赞许。可惜的是,莱诺放弃了研究且没有申请专利;否则,“汽车之父”的美名可能会属于他。

2)内燃机汽车的发明

(1)卡尔·本茨的第一辆三轮汽车。

汽车发展史上,被公认的第一辆汽车的发明者是卡尔·本茨(见图 2-34)。卡尔·本茨是现代汽车工业的先驱者,被称为“汽车之父”。

1878 年,34 岁的本茨首次研制成功了二冲程煤气发动机,命名为本茨发动机。1879 年,其研制成功了火花塞点火内燃机。1885 年 9 月,本茨在曼海姆制成了一台四冲程小型汽油机,并将其装在一辆三轮汽车上,如图 2-35 所示。1886 年 1 月 29 日,本茨用这辆车向德国皇家专利局申报发明汽车的专利,因此这一天被认为是汽车诞生日,1886 年则被认为是汽车诞生年。1886 年 11 月 2 日,专利局正式批准发布,这辆车的专利证书号为 37435,专利名称为“气态发动机汽车”,即被公认的世界上第一辆三轮汽车——奔驰 1 号。

此车质量为 254 kg,装有 3 个实心轮胎的车轮,发动机排量为 0.576 L,功率为 0.52 kW,已具备了现代汽车的一些基本特点,如电子点火、水冷循环、钢板弹簧悬架、后轮驱动、前轮转向和制动手柄等。其配置的齿轮齿条转向器是现代汽车转向器的鼻祖。现在这辆车被收藏于德国慕尼黑科技博物馆内。

图 2-34　卡尔·本茨

图 2-35　奔驰 1 号

(2)戴姆勒的第一辆四轮汽车。

在卡尔·本茨研制三轮汽车的同时，另一位德国工程师戴姆勒成功制造了世界上第一辆四轮汽油机汽车，如图 2-36 所示，该车采用单缸四冲程水冷汽油机，功率为 1.1 kW，发动机后置，后轮驱动，最高车速达 14.4 km/h。戴姆勒和本茨一样，也被称为“汽车之父”。

图 2-36　戴姆勒的第一辆四轮汽车

二、汽车工业发展史

1. 世界汽车工业的发展

100 多年的汽车发展史表明：汽车诞生于德国，成长于法国，成熟于美国，兴旺于欧洲，挑战于日本。

1)汽车诞生于德国

卡尔·本茨和戴姆勒在 1886 年分别发明了世界上第一辆以内燃机驱动的三轮汽车和四轮汽车，他们的伟大之处在于没有将发明的汽车停留在实验室中，而是将汽车生产出来以替代当时流行的马车。事实上，本茨和戴姆勒不仅是伟大的发明家，也是非常成功的企业家，在汽车工业的发展史中有着举足轻重的地位。

1883 年(汽车发明之前)，本茨与两位合作者在德国曼海姆成立了奔驰公司和莱茵燃气发动机厂，开始生产二冲程发动机。1890 年，奔驰公司已是德国第二大发动机制造厂家。1894 年，奔驰公司第一款大量生产的维洛(Velo)牌汽车诞生，至 1899 年，该款车共计生产 1 200 辆。1899 年，奔驰公司汽车年产量达 572 辆，雇员达 430 人，是当时世界上最大的汽车制造商。如图 2-37 所示为维洛牌汽车。

1890 年 11 月 28 日，戴姆勒与人合伙建立了戴姆勒发动机公司(DMG)，该公司主要生产固定式发动机和汽车。1901 年，第一辆梅赛德斯轿车诞生，年产 96 辆。如图 2-38 所示为第一辆梅赛德斯轿车。

图 2-37 维洛牌汽车

图 2-38 第一辆梅赛德斯轿车

戴姆勒公司和奔驰公司于 1924 年 5 月 1 日组成共同利益联盟，联合进行产品的销售和服务。1926 年 6 月 28 日，为了避免在日益增大的汽车工业中互相排挤，奔驰汽车公司和戴姆勒汽车公司两大汽车巨头终于走到一起，创办了举世闻名的戴姆勒-奔驰股份公司(Daimler Benz AG)，公司总部设在斯图加特。

因此可以说，德国既是现代汽车文明的发祥地，也是世界汽车工业的摇篮。

2)汽车成长于法国

汽车出现以后，由于法国的经济社会环境对汽车的发展较为有利，奔驰和戴姆勒公司把大部分生产移植到了法国。

1890 年，法国人阿尔芒·标致成立以狮子为标志的标致汽车公司，这就是标致—雪铁龙公司的前身。1889 年，标致公司设计制造了第一辆汽车，如图 2-39 所示。第一次世界大战之前，标致的年产量达到 1.2 万辆。

1898 年，路易斯·雷诺在法国创立了雷诺汽车公司。如图 2-40 所示为雷诺公司生产的经典跑车。此后，法国的汽车公司如雨后春笋般涌现出来。

图 2-39 标致公司第一辆车

图 2-40 雷诺公司经典跑车

1904 年，法国已拥有汽车厂 350 家，年产量达 1.7 万辆。1906 年，欧洲的汽车年产量占世界汽车年产量的 58%，绝大部分为法国生产。在此期间，法国汽车公司占据了世界汽车行业的统治地位。

3)汽车成熟于美国

现代汽车诞生在欧洲，但由于汽车工业发展所要求的技术和条件在当时的欧洲还不具备，欧洲的汽车工业未能形成。与法国及德国相比，美国是个人口众多、土地辽阔、物产丰富的国家，当时，其经济实力已超过了英、法、德等国家，成为世界上最大的工、农业国家。因此，世界汽车工业是在美国最先形成的。

说到美国汽车工业的形成，首先应提到亨利·福特。福特是一位钟表匠，他于 1893 年在自己简陋的汽车制造厂(实际上只是一个小作坊，见图 2-41)试制成一辆汽油机汽车。这辆车结构非常简单，四个车轮都是自行车车轮，轮上装有两个前进挡，最高车速约为 32 km/h。这种车销售后很受欢迎。其后，在底特律市市长的支持下，福特于 1899 年集资成立了底特律汽车公司，开始小批量生产轿车。该轿车的设计追求奢华、舒适，售价高达 2 700 美元以上，在汽车被视为奢侈品的年代，这种轿车很快滞销。

图 2-41　早期的福特汽车制造厂

福特根据这种情况首先提出了“将汽车由奢侈品变为人们必需品”的主张，要求汽车应可靠、耐用、操作简便、售价低廉、使用维护费用低，符合普通老百姓的需要，即生产普及型汽车。由于这个建议没有被公司采纳，他于 1903 年脱离底特律公司，并成立了福特汽车公司。

提到福特汽车公司，自然想到 T 型车。T 型车的出现使汽车从有钱人的专利品变身成为大众化的商品。1913 年，福特公司在汽车城底特律市建成了世界上第一条汽车装配流水线，如图 2-42 所示。由于此装配流水线的建立，T 型车成为大批量生产的开端，汽车装配时间从 12.5 h 缩短到 1.5 h。1914 年，T 型车产量达 30 万辆；1916 年，T 型车售价降至每辆 360 美元；1927 年，最后一辆 T 型车在美国本土驶出流水线时，已累计生产了 1 500 万辆，这一车型累计产量纪录直到 1972 年才被德国甲壳虫型汽车打破。在长达 20 年生产 T 型车期间，T 型车被称为“运载整个世界的工具”。

1915 年，福特公司的汽车年产量占美国各汽车公司总产量的 70%，而当时生产汽车历史较长的德、英、法等国家的汽车总产量也不过是美国总产量的 5%。可以说，从福特的 T 型汽车开始，人类才算真正地跨进了汽车时代。因此，福特汽车公司被称为汽车现代化的先驱。福特生产 T 型车的经验不仅为美国甚至为全世界的汽车工业发展奠定了基础。

美国汽车工业的形成和发展与当时美国在资本、国民收入、石油资源、市场等各方面都存在优于欧洲的具体条件有关，并且美国政府也十分重视国民交通工具的现代化，有意识地引导人们购买汽车。巨大的国内市场造就了美国汽车工业的大发展，通用汽车公司、克莱斯勒汽车公司等纷纷建立。美国曾有 181 家汽车厂，到 1927 年通过竞争存留了 44 家，其中汽车三巨头(福特、通用及克莱斯勒汽车公司)的销售量占全国汽车总销售量的90%以上。那时,欧洲由于第一次世界大战的影响,刚形成的汽车工业几乎停产了5年,这使得美国成为第一个以汽车工业为支柱产业的国家。

图 2-42 世界上第一条汽车装配流水线

4)汽车兴旺于欧洲

1930年以后,欧洲各国为了保护本国民族工业,开始对美国汽车提高了关税,特别是对汽车零部件进口课以重税,迫使美国在欧洲各国的汽车总装厂改造成为汽车制造厂,由此也促进了欧洲各国汽车工业的发展。

20世纪50年代,美国汽车业界的三巨头以绝对的优势雄踞世界汽车市场,但缺乏继续开发新技术的创造力。此时,欧洲经济开始恢复,欧洲汽车厂商改进国内生产的产品,以适应各国大不相同的市场需求。针对美国车型体积大、油耗高及价格高等弱点,欧洲开发了多姿多彩的微型汽车,符合当时欧洲的经济条件和人们的需要。如图2-43及图2-44所示分别为1958年的劳斯莱斯银云汽车和1962年的宝马ISETTA 250汽车,它们均属于微型车。

图 2-43 1958年的劳斯莱斯银云汽车

图 2-44 1962年的宝马ISETTA 250汽车

1948年,法国雪铁龙汽车公司开发了排量为0.375 L的2CV微型汽车,该款车俗称丑小鸭,采用双缸、水平对置、顶置气门、空冷发动机,车的质量只有560 kg,如图2-45所示。它虽然外观比较普通,但性能良好,且维修方便,价格较低,自推出后风靡世界市场数十年。1949年至1990年,雪铁龙2CV汽车累计生产500万辆之多,与甲壳虫车及迷你车并称为世界最著名的三大微型车。

1973年,德国大众汽车公司开发了高尔夫轿车,此款车采用具有水冷系的四缸发动机,排量为 1.1 L，采用前轮驱动，内部空间宽敞，最高车速可达 140 km/h，后来，改换装用排量为 1.5 L 的发动机，车速可达 160 km/h。由于此车性能良好且价格低，深受欢迎，在德国，几乎每个家庭都购买过高尔夫轿车。迄今为止，高尔夫轿车已生产了五代。如图 2-46 所示为第五代高尔夫轿车。

图 2-45　雪铁龙 2CV 微型汽车

图 2-46　第五代高尔夫轿车

第二次世界大战结束后，仅西欧汽车产量就由"战前"的 80 万辆猛增至 750 万辆之多。1966 年，欧洲汽车产量突破 1 000 万辆，超过北美汽车产量。1973 年，欧洲汽车产量达 1 500 万辆，世界汽车工业中心由美国转向欧洲。

5)汽车挑战于日本

世界汽车工业的第三次变革发生在日本。日本的汽车工业起步较晚，最初是从国外进口整车。1899 年，从美国进口的三辆电动车是在日本第一次出现的汽车；1904 年，日本制造出第一辆以蒸汽机驱动的汽车；1907 年，日本制造出第一辆以汽油机驱动的汽车。20 世纪 20 年代，美国两大汽车公司基本上占领了日本市场，给日本的汽车工业带来了重大的影响，使软弱的汽车工业受到压制。在此背景下，1936 年，丰田汽车公司的创始人丰田喜一郎成功制造出了 AA 型汽车，如图 2-47 所示。1937 年，丰田汽车公司成立。

图 2-47　丰田 AA 型汽车

为追赶欧美的汽车工业，在战争废墟中成长起来的丰田汽车公司决定要全面生产轿车和商用载货汽车，然而，却面临着众多的困难：日本的国内市场很小，且需要的汽车种类又很复杂；战争结束后，美占领军颁布的《新劳工法》要求提高工人的地位和待遇；经历战争摧残的日本经济不具备大量购买欧美最新生产技术的资金和能力；已具相当汽车生产能力的欧美各国正在大肆进军日本的汽车市场，并防止日本的汽车出口。基于以上原因，丰田汽车公司创立了令世界耳目一新的"丰田生产方式"（TPS）。它是将生产过程的各个环节联系在一起，组成一个完整体系，并以"精益思想"为根基，以寻求"消除一切浪费，力争尽善尽美"为最佳境界的新的生产经营体系，被理论界称为“精益生产方式”。

这一思想是丰田集体智慧的结晶，它由丰田普及到日本汽车工业，又从汽车工业扩展到整个制造业，从而使日本汽车工业进入高速发展时期，并在较短时间内赶上并超过西欧、美国，创造了世界汽车工业发展的奇迹。

2. 我国汽车工业的发展

民国时期，我国只有一些基础薄弱的汽车维修和配件生产厂。中华人民共和国的成立为我国汽车工业的发展开辟了道路。经过半个世纪的努力，我国从一个“只有卡车没有轿车”、“只有公车没有私车”、“只有计划没有市场”的汽车工业国发展成为汽车种类比较齐全、生产能力不断增长、产品水平日益提高的汽车工业体系国。

中国汽车工业 60 年走过的路程，印证了各个历史时期的时代特色，经历了从无到有的创建阶段、从小到大的成长阶段及全面发展等历史阶段。

1)创建阶段

(1)第一汽车制造厂的建立。

1953 年 7 月 15 日，毛泽东亲笔题写厂名的第一汽车制造厂(以下简称“一汽”)在吉林省长春市动工兴建。1956 年 7 月 13 日，国产第一辆解放牌载货汽车在一汽驶下总装配生产线，从此结束了我国不能制造汽车的历史。此时，一汽已具有年产 3 万辆解放牌载货车的生产能力。从此，我国有了自己的汽车制造业。如图 2-48 所示为国产第一辆解放 CA10 型载货汽车。

图 2-48　解放 CA10 型载货汽车

1957 年 5 月，一汽开始设计轿车。第一辆小轿车于 1958 年 5 月试制成功，如图 2-49 所示。此轿车被送至北京请中央领导观看，毛泽东等国家领导人亲自试乘后，十分高兴地称赞：“坐上自己制造的汽车了。”之后，一汽又为国家领导人研制高档轿车，1958 年 7 月，一汽制造出红旗 CA72 高级轿车，该车通体黑色，庄重大方，具元首用车气派，如图 2-50 所示。1964 年，红旗轿车被指定为国家礼宾用车，并用做国家领导人在庆典上乘坐的检阅车。

图 2-49　东风轿车

图 2-50　红旗 CA72 高级轿车

(2)地方汽车制造厂的形成。

①南京汽车制造厂的形成。

地处南京市的跃进汽车集团公司是我国轻型汽车制造公司之一，原名为南京汽车制造厂。南京汽车制造厂的前身是1943年3月27日在山东临沂成立的中国人民解放军华东野战军特种纵队修理厂。1949年8月，工厂在南京定点；1953年8月，更名为南京汽车修配厂，管理体制由军工企业转为国有企业，生产正式纳入国家计划。这成为该工厂的一个重要转折点。

1957年10月，南京汽车修配厂开始仿制原苏联嘎斯51型2.5 t载货汽车，确定了“以制造发动机为主与专业厂相结合，采取广泛协作，组织汽车生产”的方针，从研究仿制070型发动机入手，以发动机、驾驶室和车架为主，在中华人民共和国第一机械工业部(以下简称一机部)汽车局支持下广泛协作，组织配套生产。

1958年3月10日，第一辆NJ130型2.5 t载货汽车试制成功，经一机部命名为跃进牌，如图2-51所示。NJ130型汽车是继长春第一汽车制造厂解放牌汽车以后问世的我国第二种牌号的载货汽车。1958年6月10日，一机部正式批准将厂名更改为南京汽车制造厂(以下简称“南汽”)。7年后，南汽从汽车修配厂跨入汽车制造厂的行列，成为我国第一个轻型汽车制造厂，为我国汽车工业发展作出了重要贡献。

图2-51　第一辆NJ130型2.5 t载货汽车

南汽在发展过程中，一直没有足够的资金，故起点较低，积累能力不够，以致长期达不到经济规模，产品换型能力较弱。

②上海汽车制造厂的形成。

上海汽车制造厂的前身是上海汽车装配厂。1957年9月，上海汽车装配厂参照美国威利斯吉普车试制出轻型越野汽车，1958年投入小批量生产，定名为58型越野汽车。

1958年，上海汽车装配厂参考波兰的华沙轿车底盘、美国顺风轿车造型，装用南汽NJ050型发动机试制出第一辆轿车，定名为凤凰牌轿车。之后，装配厂决定提高汽车档次，以原苏联的吉姆轿车为样本开始第二轮试制，装用南汽NJ070型发动机，于1959年1月试制出样车，该车为黑色，车体略宽，仍以凤凰为标志，如图2-52所示。同年2月15日，第一辆样车驶入中南海。当年上半年，一机部要求再次进行试制，向国庆10周年献礼。经论证，以1956年本茨220S型轿车为样车，1959年9月30日，新的凤凰牌轿车诞生。1960年，上海汽车装配厂更名为上海汽车制造厂，此后小批量生产12辆，后遇三年困难时期，共生产18辆后停产。1964年，国民经济好转，此车型再次投产，并更名为上海牌SH760型轿车，年产50辆。1966年，SH760型轿车年产量达到220辆。如图2-53所示为上海牌SH760型轿车。

上海牌轿车从投产到20世纪80年代初是国内唯一的普通型公务用车，成为机关、企事业单位和接待外宾的主力车型。上海牌轿车是中华人民共和国成立后上海生产的最早的轿车，曾是我国仅次于红旗轿车的行政用车。

图 2-52　凤凰牌轿车

图 2-53　上海牌 SH760 型轿车

③北京汽车制造厂的形成。

北京汽车制造厂的前身为北京第一汽车附件厂。1958 年，北京第一汽车附件厂决定与清华大学合作设计生产轿车，当时仿照的是德国大众甲壳虫紧凑型轿车。同年 6 月，试制出样车，命名为“井冈山”牌，同时，厂名改为北京汽车制造厂。

1959—1960 年，北京汽车制造厂（以下简称“北汽”）先后试制出北京牌和东方红牌轿车。由于资金和技术力量的不足，加之一汽已试制出红旗牌高级轿车，于是决定停止试制。1960 年 12 月，考虑到我国当时军用车辆制造方面还是空白，中央军委建议北汽增加军用轻型越野车（吉普车）的生产。到 1963 年 3 月，经过不断设计改进，试制出北京牌 BJ210C 型越野汽车，如图 2-54 所示。1966 年 1 月，按照国家提出“设计一种体积略大、双排横座的越野车”的要求，北汽试制出供部队高级指挥员使用的 BJ212 型越野车，如图 2-55 所示。BJ212 型越野车在以后很长的时期里对地方汽车产业产生了巨大的影响。

图 2-54　BJ210C 型越野汽车

图 2-55　BJ212 型越野车

④济南汽车制造厂的形成。

济南汽车制造厂的前身是济南汽车修配厂（以下简称“济汽”）。1958 年，其参照原苏联嘎斯 49 试制出黄河牌 JN220 型越野汽车，当年生产 20 辆，从此揭开了济南市制造汽车的历史。1959 年，一机部布置汽车研究所设计 8 t 重型汽车后，将试制任务正式下达给济汽。

1960 年 4 月，济汽试制出两辆载重为 8 t 的汽车，此车定名为黄河牌 JN150 型汽车。经过实验改进，1963 年 10 月 17 日，JN150 型汽车通过一机部鉴定。同年 11 月，一机部批准该产品定型，可批量生产，当年生产 30 辆。1964 年，JN150 型汽车产量达到 148 辆，1966 年达到 659 辆。该车以吨位大、柴油消耗量及运输成本低、效益高等优点深受用户欢迎。如图 2-56 所示为黄河牌 JN150 型汽车。

图 2-56 黄河牌 JN150 型汽车

2)成长阶段

(1)第二汽车制造厂的建立。

1967 年 4 月,第二汽车制造厂(以下简称“二汽”)在湖北十堰动工兴建。

二汽是我国汽车工业第二个生产基地,与一汽不同,它是依靠我国自己的力量创建起来的汽车工厂(由国内自行设计、自己提供装备),采取了“包建”(专业对口老厂包建新厂、小厂包建大厂)和“聚宝”(国内的先进成果移植到二汽)的方法,同时在湖北省内外安排新建、扩建 26 个重点协作配套厂。

创建初期,二汽主要生产中型载货汽车和越野汽车,主打产品为东风卡车。东风卡车的原型为由一汽在 1962 年开始开发的换型产品——解放 CA140 型 5 t 载货车(1964 年试制出样车)。为了支援建设二汽,一汽将这款车的全套设计图纸转给了二汽,成为东风 EQ140 型 5 t 载货卡车的技术来源。东风 EQ140 型汽车如图 2-57 所示,此车型于 1978 年 7 月 15 日正式投产,它在 1979 年达到年产 1 000 辆。

二汽自己研发的第一个车型是 EQ240 型 2.5 t 越野卡车。从 1968 年提出方案,到 1969 年出样车,再到 1975 年正式投产,EQ240 经历了 8 年的开发历程。1979 年对越自卫反击战中,EQ240 和 EQ140 开赴前线,深得部队好评,二汽日后成为我国军方的主要供货商。如图 2-58 所示为东风 EQ240 型 2.5 t 越野卡车。

图 2-57 东风 EQ140 型汽车

图 2-58 东风 EQ240 型 2.5 t 越野卡车

二汽的建成开创了我国汽车工业以自己的力量设计产品、确定工艺、制造设备、兴建工厂的先河,使我国整个汽车工业和相关工业的水平得以提高,标志着我国汽车工业上了一个新台阶。

1992 年 9 月 1 日,二汽正式更名为东风汽车公司。经过多年的发展,东风汽车公司已成为国家明确提出重点支持的汽车集团之一。东风汽车公司发展较为迅速,经营规模、经营效益稳居行业前列，1989 年起连续多年跻身全国工业 500 强的前 10 位，1997 年整体通过 ISO 9001 质量体系认证，东风商标被国家工商局评定为全国汽车行业首家驰名商标。

经过 30 余年的建设和发展，东风汽车公司相继建成了十堰、襄樊、武汉、广州四大汽车开发生产基地，并拥有云汽、柳汽、新汽、杭汽等整车生产企业和南充等发动机生产企业。公司已基本形成重、中、轻、轿等宽系列多品种的产品格局，年生产汽车能力约为 50 万辆。

(2)川汽和陕汽的建立。

1965 年，在"大建三线"的背景下，在全国各大中型汽车行业中被抽调出的大批技术人员和管理干部来到四川省，他们会同原四川宜宾高压电器厂的职工们一起组建了四川汽车制造厂。四川汽车制造厂为祖国的国防建设生产出当时亚洲地区最先进的大吨位军用越野汽车，如图 2-59 所示为其生产的红岩牌越野汽车。

1964 年，陕西汽车制造厂诞生(最早称为第三汽车制造厂，后划归地方改为陕西汽车制造厂)。为一改当时汽车工业"缺重少轻"的局面，该厂以生产延安牌重型卡车为主。改革开放以后，该厂加入中国重汽集团，并开始生产斯太尔重型卡车。如图 2-60 所示为斯太尔重型卡车。

图 2-59　红岩牌越野汽车

图 2-60　斯太尔重型卡车

(3)开发生产矿用自卸汽车。

20 世纪 60 年代中期，国家提出"大打矿山之仗"的决策，矿用自卸车成为其重点装备。1969 年，上海 32 t 矿用自卸车(见图 2-61)试制成功并投产，之后，天津和常州的 15 t 矿用自卸车、北汽 20 t 矿用自卸车、一汽 60 t 矿用自卸车和甘肃白银 42 t 电动轮矿用自卸车也相继试制成功并投产，缓解了冶金行业采矿生产装备的难题。如图 2-62 所示为常州 15 t 矿用自卸车。

图 2-61　上海 32 t 矿用自卸车

图 2-62　常州 15 t 矿用自卸车

(4)地方积极建设汽车制造厂。

20 世纪 60 年代后期，由于当时全国汽车供不应求，加上再次将企业下放给地方，引发了我国汽车工业发展的第二次热潮。从 1969 年开始，全国各省、自治区(除西藏自治区外)均建设汽车制造厂。1976 年，全国汽车生产厂家增加到 56 家，专用改装厂增加到 166 家，但每个厂平均年产量不足千辆，大多数在低水平上重复。地方发展汽车工业几乎全部仿制国产车型重复生产。据不完全统计，生产解放牌车型的地方汽车厂有 20 多家，生产北汽 130 车型的有 20 多家，生产跃进车型的近 20 家，生产北汽越野车型的近 10 家。改装零部件的厂家增加到 2 100 家。

1980 年，汽车年产 22.2 万辆，是 1965 年产量的 5.48 倍。期间，汽车生产向多品种、专业化发展，生产点近 200 家；大中轻型客车年产 1.34 万辆，其中长途客车 6 000 多辆；全国民用汽车保有量 169 万辆，其中载货汽车 148 万辆。

3)全面发展阶段

在改革开放方针指引下，汽车工业进入全面发展阶段，主要体现在以下几个方面。

(1)产品结构全面调整，产品换型。

1982 年，天津微型车生产基地建立。1987 年至 1988 年间，解放牌、跃进牌、黄河牌各车型升级换代，结束了 30 年“一贯制”的历史。1989 年，一汽开发了 CA141 解放牌中型微型车，达到了 20 世纪 80 年代国际先进水平。到 20 世纪 90 年代初，老产品全面实现换型，新产品技术水平大大提高并实现了系列化。

(2)引进国外先进技术和设备，建立合资企业。

20 世纪 80 年代初期，我国汽车工业为缩小与世界的差距，首先有重点、有选择地引进德、日、美、法等国家的 100 多项先进技术；此后，又与国外汽车公司建立了合作关系，促进了我国汽车工业的进一步发展。

(3)改组兼并，扩大规模经营。

一汽组建的第一汽车集团公司已具有相当规模，至 1997 年，一汽集团已拥有成员企业 270 家，产品分为重、中、轻、轿、客及微六大系列 200 多个品种，年产 40 万辆，是国内汽车产品系列最全、生产规模最大的汽车企业。

二汽组建的东风汽车集团公司也在我国汽车行业处于重要地位。二汽组建后，确定了“立足湖北、辐射全国、面向世界”的发展格局，相继形成了十堰、襄樊、武汉及广州四大汽车开发生产基地。目前二汽旗下已拥有东风、神龙、云汽、柳汽及风神等数个汽车生产企业，产品分为重、中、轻及轿等，是国内汽车生产规模最大的汽车工业集团之一。

上海汽车集团公司在上海、合肥及烟台等地建立了多个汽车生产基地，与德、美、日和意大利等国家的汽车和零部件企业集团建立了 57 家合资企业，形成了生产经营轿车、客车、重型载货汽车、拖拉机和摩托车及其零部件的产品格局，是目前国内领先的乘用车制造商、最大的微型车制造商和销量最大的汽车制造企业。

(4)汽车产量稳步增长，经济效益有所改善。

从 1999 年起，我国的汽车工业进入了高速发展时期，每年保持两位数以上增长。至 2004 年，我国汽车年产量超过 500 万辆，已经超过法国，一跃成为世界第四大汽车生产国。2005 年，我国汽车年产量超过 560 万辆，成为世界第三大汽车生产国。2006 年，我国汽车销量已达 720 万辆，超过日本成为世界第二大汽车消费国，同时占全球汽车总销量的比重首次超过10%。

2007年,我国汽车整车出口创造了历史最高水平,出口61.4万辆。奇瑞、长城、中国重汽和一汽等自主品牌企业的产品成为出口的主要车型品种。

2008年,受国际金融危机影响,我国汽车年产量增速放缓,但也超过了900万辆。2009年,在国家各项政策促进下,我国汽车产量在10月份就已跨越1 000万辆的门槛。在经历一系列调整之后,我国汽车工业迎来了高速增长的新阶段。

目前,汽车业已成为我国国民经济的支柱产业,产业内就业人数已达200万人,相关产业的从业人员达2 000万人,汽车业年产值达1万亿元,年税收达千亿元以上。

据预测,到2020年,我国汽车产量可达1 400万~1 800万辆,超过美国本土产量,成为世界第一大汽车生产国。

我国60年的汽车发展历程中虽遭遇了各种坎坷,但坎坷中孕育着希望,我国现在的汽车产业正在蓬勃发展,在不久的将来,我国将成为汽车工业强国。

三、世界汽车工业的发展趋势与汽车市场前景预测

1.世界汽车工业的发展趋势

随着新工艺、新材料、新技术与新装备在汽车工业中投入使用,全球经济一体化日趋明显,市场竞争日趋激烈,世界汽车工业也必然发生深刻变革,其主要体现在以下几个方面。

1)厂商并购联合化

长期以来,国际上汽车工业的兼并从未停止,世界各大厂商都在致力于不断地谋求竞争优势,并以挫败或兼并竞争对手为目标。但在20世纪后期,随着各大厂商竞争实力的接近,国际汽车工业的竞争观念发生了一些变化。其竞争目标已不再是击败对手,而是强调联合、合作和共同发展。

2)汽车生产方式更新化

世界汽车生产经历了单件定制生产、福特大规模生产及精益生产等阶段。福特生产方式不但在汽车工业而且在整个制造业都成为制造企业的基本模式,但是在厂商并购联合化的影响下,汽车工业开始进入大规模定制时代,实际上是为每一位顾客提供独一无二的定制产品。在大规模生产中,用户处于价值链的最末端,企业生产什么就卖什么,而在大规模定制生产中,用户处于价值链的最前端,企业要按订单而不是按预测来生产,而且定制的速度越来越快。目前,我国从订单到交货需要10天左右时间,国外企业已经提出5天交货的目标,而最终要达到两天交货。

国外汽车工业已经广泛采用平台化战略、模块化生产等生产方式。平台化战略实际上是将汽车的开发从单车型化转向系列化、多样化、共用化,如大众集团以A0级、A级(如高尔夫)、B级(如帕萨特、奥迪A4)、C级(如奥迪A6)、D级(如奥迪A8)五个底盘规格统一了全部产品系列,在公司内部共同使用这五个平台。模块化生产表现在由原有的汽车制造厂从一个个零件开始组装出整车更新为汽车被分解成10~20个大的模块,每个模块实际上是上千个零件的集成,由大的供应商组装供应,汽车厂只需要把这10~20个模块组装起来即可,现在的汽车生产线长度在1 000~1 500 m,未来只要50 m就够了。

3)汽车产品环保化

现在世界上越来越多的国家都很重视环境保护与可持续发展。21世纪汽车产品将以

环保为中心，在新型动力开发上充分体现汽车与环境的和谐。

20世纪末期，汽车由于装用新型动力系统和废气净化装置，其噪声要比之前的汽车降低约30%，投入使用的汽车百公里油耗平均下降15%，尾气污染物排放也大幅度减少。至2009年，包括各种代用燃料汽车（如燃气汽车等）在内，在全世界范围内，新型动力（系统）汽车（如蓄电池式电动汽车和燃料电池汽车等）的市场份额大致为10%，即每年的销售量为500万～600万辆。氢气及混合动力汽车等新型汽车，在未来也将会得到极大发展。与此同时，绿色设计、产品的全寿命设计等先进设计思想也将得以广泛应用。

4）汽车技术电子化

汽车工业正在掀起一场电子化革命，以适应未来汽车智能化与未来数字化时代的发展需要。近年来，汽车电子化的发展较快，汽车上应用的电子器件（元件、装置、系统等）越来越多，价值也越来越高。甚至可以说，汽车的各种性能在很大程度上将取决于电子技术的应用程度。日益完善的车载多媒体系统、汽车智能安全系统、舒适性管理系统和汽车语音识别系统等数字技术都将在汽车上得到应用。因此，对应的软件开发对汽车产品更加重要。预计2010年末，电子装备及其软件的价格平均将占世界汽车生产成本的35%（单车价格约为3 870欧元），世界汽车电子市场的年销售额将达到2 600亿欧元，几乎所有的汽车（部件或系统）模块都将实现智能化。

5）汽车服务创新化

随着汽车工业竞争的日趋激烈，各大厂商在努力降低成本、增加效益和实现技术创新的同时，也将开始展开全新理念的汽车营销和汽车服务。营销服务的全面化和不断创新将是大厂商争夺目标顾客、赢得竞争主动权的秘密武器，它将使汽车服务业成为第三产业中最富活力的生力军之一，直接促使汽车服务朝着个性化、知识化、系统化、费用低廉化的方向发展。

2. 世界汽车市场前景预测

21世纪，世界汽车市场将随着世界汽车工业和世界经济的发展而呈现新的特点，市场竞争将形成新的格局。世界汽车市场的发展前景将呈现以下特征。

1）北美、西欧与日本三大传统汽车市场相互渗透，需求层次升级

北美、西欧与日本是世界上汽车产销量和汽车保有量最大的三个区域，也是经济最发达的三个区域。由于其市场经济起步早，市场发育和市场机制完善，加之近年来这三大地区的汽车工业不断走向联合，因而三大传统市场必将进一步相互渗透。尽管目前这三大市场基本饱和，但随着未来网络化、智能化、清洁化等新型汽车的推出，欧、美、日仍有可能爆发出巨大的购买需求。这并不是一般意义上的旧车报废更新，而是淘汰传统意义的汽车而普及全新概念的汽车。从这种意义上讲，欧、美、日三大世界传统汽车市场在近几十年内仍是世界上最重要的汽车市场。

2）发展中国家的汽车市场逐渐增大

随着亚太、南美、东欧经济的复苏和持续发展，这三大地区正在成长为世界上新兴的汽车市场，其发展前景越来越被国际汽车大国看好。世界五大汽车生产国（美、日、德、意、法）正是看准了这三大市场的巨大发展潜力与增长空间，才纷纷在这些地区或谋求合作，或投资建厂，并加紧建立和完善其营销体系与服务网络。

需要注意的是，由于我国经济持续快速发展，我国汽车（家用轿车）市场正处于普及前期，巨大的潜在需求即将转化为现实需求，国际各大汽车公司都纷纷涉足我国汽车市场。目前，世界各大汽车厂商基本都已与我国汽车厂家进行了实质性的合作。

3)国际汽车市场竞争表现出多极化格局

在欧、美、日等发达国家的汽车市场上，汽车工业大国既要力保自己在本国和本区域的市场占有率，又要挤占对方的市场份额，还要应付新兴工业国家在中低价位汽车市场上的激烈竞争。在亚太、南美、东欧三大新兴市场上，各汽车大国要围绕分割市场份额展开竞争，积极谋求与当地的民族汽车企业合作。一方面，他们有可能放弃向发展中国家转移淘汰车型的传统做法，代之以输出新概念汽车或汽车新技术，推行汽车制造的本土化，从而使发展中国家的汽车工业水平得以提高。另一方面，在中低价位及某些汽车品种上，发展中国家的汽车厂家也将向世界汽车大国发起强有力的冲击。

国际汽车市场的多极化格局虽然不可避免，但是美、日、欧等先进汽车生产国凭借其拥有的强大实力与技术创新优势仍将在世界汽车市场上占据主要地位。

CHAPTER 3

第三章

世界汽车公司与品牌

一、德国知名汽车公司与汽车品牌

1. 大众汽车集团

大众汽车集团成立于1937年，总部位于德国沃尔夫斯堡，是欧洲最大的汽车公司，也是世界汽车行业中最具实力的跨国公司之一。整个大众汽车集团在2012年产销超过900万辆，大众品牌则超过574万辆。集团目前拥有大众（德国）、奥迪（德国）、保时捷（德国）、宾利（英国）、布加迪（法国）、西亚特（西班牙）、斯柯达（捷克）、大众汽车商用车（德国 ）、兰博基尼（意大利）等诸多著名品牌。

1）大众汽车

大众汽车是世界四大汽车生产商之一的大众汽车集团的核心企业，由世界著名的汽车设计大师费迪南德·保时捷（见图3-1）于1937年创立。大众汽车公司的德文是Volks wagen，意为大众使用的汽车，汽车的标志在历史上曾发生过多次变化。今天的标志中的VW为全称中头一个字母。该标志像是由三个用中指和食指作出的“V”组成，表示大众公司及其产品“必胜—必胜—必胜”。大众汽车的标志如图3-2所示。

使大众汽车扬名的产品是甲壳虫汽车，如图3-3所示。1972年2月17日，大众汽车公司打破汽车生产世界记录。甲壳虫汽车以15 007 034辆的纪录，超越福特汽车公司Model T型车在1908—1927年所创下的传奇记录。甲壳虫汽车在20世纪80年代初就已生产了2 000万辆。20世纪80年代，大众汽车集团公司推出了世界畅销的高尔夫汽车，如图3-4所示，从而成为欧洲最大的汽车公司。

大众汽车品牌的主要产品有甲壳虫、宝来、高尔夫、捷达（见图3-5）、帕萨特（见图3-6）、辉腾等。

图 3-1 费迪南德·保时捷

图 3-2 大众汽车的标志

图 3-3 大众汽车生产的甲壳虫汽车

图 3-4 大众汽车生产的高尔夫汽车

图 3-5 大众捷达汽车

图 3-6 大众帕萨特汽车

2)奥迪汽车

奥迪(Audi)是大众汽车集团旗下的著名豪华汽车品牌,作为高技术水平、质量标准、创新能力及经典车型款式的代表,奥迪是世界最成功的汽车品牌之一。公司总部设在德国的英戈尔施塔特。奥迪轿车的标志为 4 个圆环,代表着合并前的 4 家公司。这些公司曾经是自行车、摩托车及小客车的生产厂家。由于该公司原是由 4 家公司合并而成,因此每一环都是其中一个公司的象征。奥迪汽车的标志如图 3-7 所示。

奥迪汽车品牌目前旗下的主要产品有 A1、A2、A3、A4、A5、A6(见图 3-8)、A7、A8、Q1、Q2、Q3、Q4、Q5(见图 3-9)、Q6、Q7、Q8、Q9、R8(见图 3-10)及 RS 性能系列等。

图 3-7　奥迪汽车标志

图 3-8　奥迪 A6 汽车

图 3-9　奥迪 Q5 汽车

图 3-10　奥迪 R8 汽车

3)宾利汽车

宾利汽车公司(Bentley Motors Limited)是举世闻名的豪华汽车制造商,总部位于英国克鲁,1919 年 1 月 18 日公司由沃尔特·欧文·本特利创建。第一次世界大战期间,宾利公司以生产航空发动机而闻名,战后则开始设计制造汽车产品。1931 年,宾利被劳斯莱斯收购,在 1998 年两者均被德国大众集团买下。在近百年的历史长河中,宾利品牌依然熠熠生辉,不断给世人呈现出尊贵、典雅与精工细做的高品质座驾。宾利汽车的标志是一个展翅腾飞的 B 字,是宾利最强劲、永不妥协的标志,如图 3-11 所示。

宾利汽车品牌目前旗下的产品主要有飞驰(见图 3-12)、慕尚和欧陆等。

图 3-11　宾利汽车标志

图 3-12　宾利飞驰汽车

4)保时捷汽车

保时捷是德国汽车品牌,创始人为费迪南德·保时捷。2012 年 7 月,大众汽车集团与保时捷宣布组建综合汽车集团,保时捷成为大众汽车集团旗下的一个品牌。2013 年 3 月份,保时捷在全球范围内交付了 14 494 辆汽车,创下历史同期新高,较之 2012 年 3 月份的 12 094 辆,同比增长 19.8%。2013 年第一季度,保时捷全球销量为 37 009 辆,2012 年同期为

30 553 辆,同比增长 21.1%。

保时捷的英文车标采用德国保时捷公司创始人费迪南德·保时捷的姓氏。图形车标采用公司所在地斯图加特市的盾形市徽。“PORSCHE”字样在商标的最上方,表明该商标为保时捷设计公司所拥有;商标中的“STUTTGART”字样在马的上方,说明公司总部在斯图加特市;商标中间是一匹骏马,表示斯图加特这个地方盛产一种名贵种马;商标的左上方和右下方是鹿角的图案,表示斯图加特曾是狩猎的好地方;商标右上方和左下方的黄色条纹代表成熟了的麦子颜色,喻指五谷丰登,商标中的黑色代表肥沃土地,商标中的红色象征人们的智慧和对大自然的钟爱。由此组成一幅精湛意深、秀气美丽的田园风景画,展现了保时捷公司辉煌的过去,并预示了保时捷公司美好的未来。保时捷的跑车出类拔萃。保时捷汽车的标志如图 3-13 所示。

保时捷汽车目前旗下的产品主要有 Boxster、Cayman、Cayenne(见图 3-14)、Panamera 和 911 等。

图 3-13　保时捷汽车标志

图 3-14　保时捷 Cayenne 汽车

5)兰博基尼汽车

兰博基尼汽车公司原是意大利超级跑车制造商,由兰博基尼于 1963 年创建。在意大利,汽车有“两王一后”,“两王”分别指的是法拉利和兰博基尼,“一后”指的是玛莎拉蒂。

兰博基尼汽车公司生产的第一辆车实际上是拖拉机,该公司创始人用这些拖拉机满足了经历第二次世界大战后意大利农业生产对拖拉机的迫切需要。第一辆兰博基尼跑车 350GTV 于 1963 年诞生。1998 年,兰博基尼汽车公司被德国大众公司旗下的奥迪子公司收购。

兰博基尼车标图案是一头蛮劲十足的斗牛,正准备向对手发动猛烈的攻击,如图 3-15 所示。据说公司创始人兰博基尼就是这种不甘示弱的牛脾气,也体现了兰博基尼汽车公司产品的特点,因为公司生产的汽车都是大功率、高速的运动型轿车。兰博基尼汽车的车头和车尾上的车标省去了公司名,只保留了一头斗牛的图案。

兰博基尼汽车品牌目前旗下的产品主要有 Gallardo(见图 3-16)和 Aventador 等。

图 3-15　兰博基尼汽车标志

图 3-16　兰博基尼 Gallardo 汽车

2. 巴伐利亚机械制造厂股份公司

巴伐利亚机械制造厂股份公司是德国一家世界知名的高档汽车和摩托车制造商，总部位于慕尼黑，在中国常称为宝马，简称 BMW。

在初创阶段，宝马公司主要致力于飞机发动机的研发和生产。1923 年，第一部宝马摩托车问世。五年后的 1928 年，宝马收购了埃森那赫汽车厂，并开始生产汽车。之后，宝马将许多汽车制造史上的杰作推向市场，这些产品不断激发出强烈的感情和人们的渴望，铸就了宝马公司作为一家汽车制造商的杰出声誉。

巴伐利亚机械制造厂股份公司目前旗下的主要品牌有宝马、劳斯莱斯和 MINI 等。

1）宝马

宝马（BMW）汽车被誉为“世界上最好的跑车和豪华轿车”。宝马 328 跑车如图 3-17 所示所示，它被誉为世界上第一辆真正的敞篷跑车。由于该车只生产了 464 辆，产量极少，所以又是世界上最珍贵的老爷汽车之一。

宝马车标如图 3-18 所示，中间部分蓝白相间的图案代表蓝天、白云和旋转不停的螺旋桨，喻示宝马公司悠久的历史，象征该公司过去在航空发动机技术方面的领先地位，又象征公司的一贯宗旨和目标：在广阔的时空中，以先进精湛的技术、最新的观念满足顾客的最大愿望，反映了公司蓬勃向上的气势和日新月异的面貌。

图 3-17　宝马 328 跑车

图 3-18　宝马车标

宝马目前旗下的车系有 1、3、5（见图 3-19）、6、7、i、M（见图 3-20）、X、Z 等系列。其中 1 系是小型汽车，3 系是中型汽车，5 系是中大型汽车，6 系是中大型双门轿跑，7 系是豪华 D 级车，i 系是宝马未量产的概念车系列，M 是宝马的高性能与跑车版本，X 系是宝马特定的 SUV（运动型多功能汽车）车系，Z 系是宝马的入门级跑车。

图 3-19　新宝马 5 系汽车

图 3-20　新宝马 M3 汽车

2)劳斯莱斯

劳斯莱斯(Rolls-Royce)是世界顶级豪华轿车厂商,1906 年成立于英国,公司创始人为亨利·莱斯(Frederick Henry Royce)和查理·劳斯(Charles Stewart Rolls)。1907 年,劳斯莱斯制造出第一辆“银魂”,这款颇具传奇色彩的汽车顺利完成了 23 127 公里的连续运转,创造了“世界上最好的汽车”的神话。

劳斯莱斯是汽车王国雍容高贵的唯一标志。劳斯莱斯坚持手工制造车身的传统,其经典特点包括长发动机罩、短前悬和长后悬。长轴距造就了宽敞的内部空间,垂直式的车前罩和高灯相呼应,为它增添了卓越不凡的气质。上百年来,劳斯莱斯出产的轿车是顶级汽车的杰出代表,以豪华而享誉全球。2003 年劳斯莱斯汽车公司被宝马(BMW)接手。

劳斯莱斯的车标图为双 R 字样,如图 3-21 所示,是两位创始人名字的首字母,两个 R 交叉,表示你中有我,我中有你,团结奋斗,携手共进。劳斯莱斯的另一传统标志为具有古典风格的“欢庆女神”雕像,如图 3-22 所示,它出现于 1911 年。据说这个标志的创意取自巴黎卢浮宫艺术品走廊的一尊有两千年历史的胜利女神雕像。当汽车艺术品大师查尔斯·塞克斯应邀为劳斯莱斯汽车公司设计标志时,深深印在他脑海中的女神像立刻使他产生创作灵感。于是一个两臂后伸、身带披纱的女神像飘然而至,意为速度之魂。

图 3-21　劳斯莱斯车标图

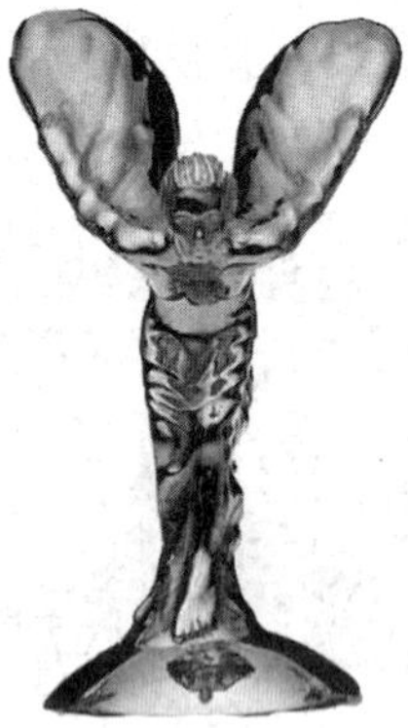

图 3-22　劳斯莱斯“欢庆女神”雕像

劳斯莱斯汽车品牌目前旗下的产品主要有幻影(见图 3-23)、魅影(见图 3-24)、古思特等。

图 3-23 劳斯莱斯幻影

图 3-24 劳斯莱斯魅影

3)MINI

Mini 是一款风靡全球、个性十足的小型两厢车，1959 年 8 月 26 日由英国汽车公司(BMC)推出，在半个多世纪的历史里，Mini 获得了巨大的成功。2000 年旧款 Mini 停止生产，Mini 品牌的新持有者宝马(BMW)宣布推出 Mini 的继承车款，并将新车的品牌定为 MINI(全为大写英文字母)。MINI 车标如图 3-25 所示。MINI Cooper 是 MINI 家族最著名的一款，自诞生起已经销售了数百万辆，如图 3-26 所示。

图 3-25 MINI 车标

图 3-26 MINI Cooper

3. 戴姆勒股份公司

戴姆勒股份公司(Daimler AG)的总部位于德国斯图加特，是全球最大的商用车制造商，全球第二大豪华车生产商、第二大卡车生产商。戴姆勒公司是世界上资格最老的厂家，也是经营风格始终如一的厂家。从 1926 年至今，公司不追求汽车产量的扩大，而只追求生产出高质量、高性能的高级别汽车产品。在世界十大汽车公司中，戴姆勒公司产量最小，不到 100 万辆，但它的利润和销售额却名列前五名。

戴姆勒股份公司旗下的主要汽车品牌有梅赛德斯-奔驰和 smart 等。

1)梅赛德斯-奔驰

梅赛德斯-奔驰(Mercedes-Benz)是世界知名的德国汽车品牌。1926 年 6 月，戴姆勒公司与奔驰公司合并成立了戴姆勒-奔驰汽车公司，以梅赛德斯-奔驰命名的汽车正式出现，并从此以高质量、高性能的汽车产品闻名于世。除了生产高档豪华轿车外，奔驰公司还是世界上最著名的大客车和重型载重汽车的生产厂家。目前，梅赛德斯-奔驰为戴姆勒集团旗下公司。

1909 年，奔驰汽车公司设计了一个用代表吉祥、胜利的月桂枝树叶围绕着“BENZ”的圆形图徽作为公司和汽车的车标，如图 3-27(a)所示。奔驰车标就像一顶桂冠，喻示该公司在汽车领域独占鳌头，其产品独夺桂冠。1909 年 6 月 24 日，戴姆勒汽车公司采用了将一颗大三叉星和四颗小三叉星置于圆环之中的车标，如图 3-27(b)所示，三叉星被喻为幸运吉祥之星。戴姆勒-奔驰汽车公司成立后，所采用的车标是将原戴姆勒汽车公司车标和奔驰汽车公司车标进行了综合，如图 3-27(c)所示。随后，戴姆勒-奔驰汽车公司的汽车车标进一步简化为立体车标，如图 3-27(d)所示。

(a)奔驰车标　　(b)戴姆勒车标　　(c)戴姆勒—奔驰车标　　(d)戴姆勒—奔驰立体车标

图 3-27　戴姆勒—奔驰车标演变

奔驰轿车共分四大类别，即 A 级(微型轿车)、C 级(小型轿车)、E 级(中型轿车)和 S 级(大型豪华轿车)。此外，还有跑车系列 SLK、CLK、SL 及 CL，多用途厢体车系列 M 和 V 级等。如图 3-28 所示为奔驰 C180 轿车，如图 3-29 所示为奔驰 SLK 轿跑车。

图 3-28　奔驰 C180 轿车

图 3-29　奔驰 SLK 轿跑车

2)smart

smart 又译为精灵，是奔驰汽车公司和瑞士钟表集团斯沃奇(Swatch)共同开发的车型。smart 中的 s 代表了斯沃奇(Swatch)，M 代表了戴姆勒-奔驰集团(Mercedes-Benz)，而 art 则是英文中艺术的意思，合起来可以理解为这部车代表了斯沃奇和戴姆勒-奔驰合作的艺术，而 smart 车名本身在英文中也有聪明伶俐的意思，这也契合了 smart 公司的设计理念。smart 汽车的车标如图 3-30 所示。

图 3-30　smart 汽车车标

smart 是为城市用车而设计的，如图 3-31 所示，它驾驶灵活，泊车方便，但是由于 smart 车的创新与技术含量较高，所以价格也较高。自上市销售以来，smart 以它环保、灵活和时尚的设计获得了无数的拥护和好评。

图 3-31　Smart 汽车

二、美国知名汽车公司与汽车品牌

1. 通用汽车有限公司

通用汽车公司是全球最大的汽车公司之一，成立于 1908 年 9 月 16 日，由威廉·杜兰特在别克汽车公司的基础上创建，公司总部在底特律。

通用汽车公司是美国最早实行股份制和专家集团管理的特大型企业之一，所生产的汽车体现了美国汽车豪华、宽大、内部舒适、速度快及储备功率大等特点。由于其重视质量和新技术的采用，所以通用汽车公司的产品始终在用户心中享有盛誉。此外，通用汽车公司还是一个大规模的跨国公司，它在世界几十个国家都设有子公司、装配厂、零部件厂和销售中心。

2009 年 6 月 1 日，根据美国破产法通用汽车公司正式向纽约破产法院递交破产保护申请；2009 年 7 月 10 日，通用汽车公司改名为通用汽车有限公司。经历破产重组后的通用汽车焕发了出新的活力。2012 年，通用汽车全球汽车销量达到 9 285 991 辆，仅次于丰田汽车集团，排名第二。2012 年，通用汽车公司营业收入达到 1 523 亿美元，净利润达到 49 亿美元，这是通用汽车经历破产重组之后连续第三年保持赢利状态。其中，通用汽车在全球最重要的两大市场——美国和中国的表现非常抢眼。

通用汽车有限公司目前旗下的汽车品牌有别克、雪佛兰、凯迪拉克和 GMC 等。

1)别克

图文

威廉-杜兰特的故事

1903 年 5 月 19 日，大卫·别克(David Buick)创建了别克汽车公司。1904 年，别克汽车公司被转手卖给通用汽车公司的创始人威廉·杜兰特。1908 年，别克汽车的产量达到8 820 辆，居美国第一位，杜兰特以别克汽车公司为核心成立了通用汽车公司。

通用公司别克汽车分部主要生产世纪、君威、林荫大道等轿车。别克汽车具有大功率、外观个性化、实用性强等特点。如图 3-32 所示为 97 别克·世纪中型轿车，它是为了迎接新世纪的到来精心设计制造的轿车。其精致的垂直竖条散热器罩是新款车的醒目标志，流畅侧视雕塑式外形极具现代气息，更增加了别克轿车的品牌特征。如图 3-33 所示为全新的别克轿车。

图 3-32　97 别克·世纪中型轿车

图 3-33　全新的别克轿车

别克车标如图 3-34 所示，图案是三个不同颜色(红、白、蓝)依次排列且高度不同的盾牌，象征着积极进取，不断攀登的精神，表示别克汽车采用顶级技术、刃刃见锋；也表示别克公司培养出的人才个个是出类拔萃、无坚不摧、勇于攀登的勇士。

图 3-34　别克车标

2)雪佛兰

1911 年 11 月 3 日，威廉·杜兰特和瑞士的赛车手、工程师路易斯·雪佛兰共同创建了雪佛兰汽车公司。1918 年 5 月，雪佛兰汽车公司并入通用汽车公司。

雪佛兰汽车部是通用汽车公司的最大分部，雪佛兰品牌是通用汽车公司全球销量最大的品牌。自 1912 年推出第一辆产品至今，雪佛兰汽车的总销量已超过 1 亿辆，其销售市场覆盖数十个国家，曾经创下每 40 秒销售一部新车的纪录。2004 年，雪佛兰全球销量超过 360 万辆，占全球汽车当年销售总量的 5%。作为通用汽车旗下最为国际化和大众化的品牌，雪佛兰拥有强大的技术和丰裕的市场资源。

雪佛兰车标如图 3-35 所示，图形为抽象化了的蝴蝶领结，象征着雪佛兰汽车的大方与气派，同时也象征着该车系的贵气和风度。

图 3-35　雪弗兰车标

雪佛兰汽车部主要生产经济型车及中、高档跑车，主要产品有科鲁兹（见图 3-36）、科帕奇（见图 3-37）、雪佛兰 Camaro 及克尔维特（Corvette）等车系。如图 3-38 所示为雪佛兰 Camaro 跑车，它是电影《变形金刚》中“大黄蜂”的原型。

图 3-36　科鲁兹

图 3-37　科帕奇

图 3-38　雪佛兰 Camaro 跑车

3）凯迪拉克

凯迪拉克汽车公司建立于 1902 年，创建人是亨利·利兰得。亨利·利兰得以前是零件供应商，1900 年起自行制造汽车。他制造出凯迪拉克牌汽车时已是近 60 岁的老人。凯迪拉克有“同类中最为出色、最具声望的事物”之意，被一向以追求极致尊贵著称的伦敦皇家汽车俱乐部冠以“世界标准”的美誉。

图文
亨利-利兰得的故事

1906 年，凯迪拉克汽车公司在底特律的工厂已成为当时世界上最大、最完善和装备精良的汽车厂，它所生产的汽车性能也很好。

1909 年，亨利·利兰得把公司卖给了通用汽车公司，他本人也做了通用汽车公司凯迪拉克部的经理。从那时起，凯迪拉克牌汽车更加重视豪华和舒适性，并将这一传统延续至今。

如图 3-39 所示为凯迪拉克车标的演变过程。凯迪拉克的标徽是其精神内涵的集中体现，花环和盾牌是凯迪拉克标徽永久不变的标志物，盾牌象征凯迪拉克的英勇，花环表示荣誉，冠上的 7 颗珍珠显示出了皇家贵族的尊贵血统。然而，凯迪拉克标徽自诞生以来，其花环和盾牌的设计在不同时代不断地呈现突破性的变化，百年来竟达 30 次之多。这充分折射出了凯迪拉克的信心与勇气，在继承底特律城创始者胆识和荣誉精髓的同时，不断大刀阔斧地为其产品注入大胆而前瞻的设计理念，21 世纪初，凯迪拉克再次对标徽进行了变革。

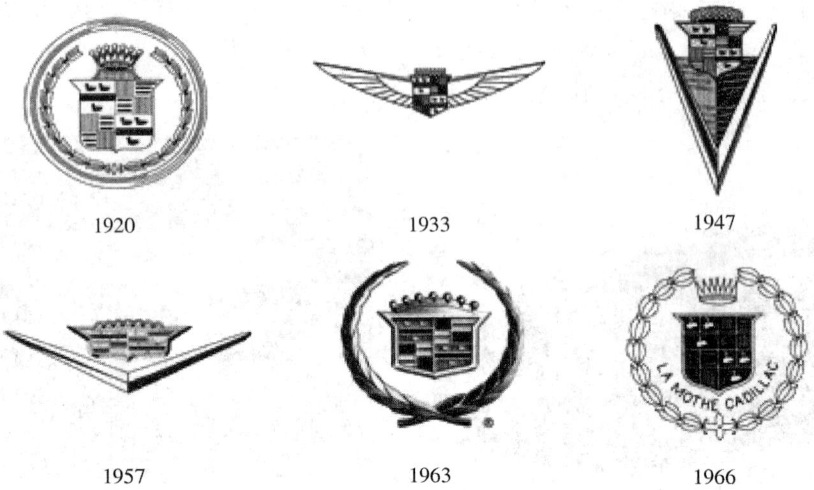

图 3-39 凯迪拉克车标的演变过程

图 3-40 凯迪拉克新车标

凯迪拉克新车标如图 3-40 所示，色彩明快，轮廓鲜明，花环保留了原有的色彩组合，金黄与纯黑相映，象征智慧与财富；盾牌由不同色彩的块面组成，红色象征行动果敢与追求创新，银白色代表纯洁、仁慈、美德与满足，蓝色代表着豪迈的骑士精神。此标志亦象征着凯迪拉克汽车的高贵、豪华、气派和潇洒，侧面体现了凯迪拉克牌汽车具有巨大的市场竞争能力。

凯迪拉克以专门生产高级轿车而闻名世界，其主要产品有凯迪拉克(见图 3-41)、埃尔多拉多、弗里特伍德(见图 3-42)、赛威、帝威、凯帝等轿车。

图 3-41 凯迪拉克

图 3-42 弗里特伍德

2. 福特

福特汽车公司是世界最大的汽车企业之一，由亨利・福特(见图 3-43)创立于 1903 年，总部设在美国密歇根州迪尔伯恩市。1908 年，亨利・福特推出了改变世界的 T 型车，如图 3-44 所示，它很快成为全美最畅销的汽车。1913 年，福特发明了现代工业革命史上具有里程碑意义的流水装配线，奠定了大规模生产方式的基础。

图 3-43 亨利·福特

图 3-44 T 型车

目前，福特汽车公司旗下拥有福特、林肯和水星等汽车品牌，公司全球雇员超过 17 万人，从事制造和装配业务的约 65 家工厂遍及全球，产品行销全球 6 大洲。

1)福特

福特品牌是福特汽车公司品牌家族的第一个成员，其代表性产品包括嘉年华、蒙迪欧-致胜、雷鸟、野马、F 系列、稳达、维多利亚皇冠、伊普拉、全顺及福克斯等。如图 3-45、图 3-46 所示分别为福特福克斯轿车及福特全顺商务车。

图 3-45 福特福克斯轿车

图 3-46 福特全顺商务车

福特汽车的标志是采用福特英文 Ford 字样，蓝底白字。由于创建人亨利·福特喜欢小动物，所以标志设计者把福特的英文画成一只小白兔样子的图案，如图 3-47 所示。

图 3-47 福特汽车的标志

2)林肯

林肯品牌由亨利·利兰得创立于1907年。1922年,福特汽车公司以800万美元收购了林肯品牌,并由此进入豪华车市场。由于林肯车具有杰出的性能、高雅的造型和无与伦比的舒适性能,它一直是美国车舒适和豪华的象征。

林肯汽车车标是由一颗闪闪发光的晨星和一个近似矩形的外框组成的图案,如图3-48所示。它表示林肯总统是美国联邦统一和废除奴隶制的启明星,也喻示林肯轿车有光辉灿烂的明天。

图3-48 林肯车标

林肯品牌的著名产品有城市、领航员、林肯MKT和林肯LS等。如图3-49、图3-50所示分别为林肯领航员和林肯LS。

图3-49 林肯领航员

图3-50 林肯LS

3. 克莱斯勒汽车集团

克莱斯勒是美国著名汽车公司,同时也是美国三大汽车公司之一,该公司创始人为沃尔特·克莱斯勒(Walter Chrysler),公司总部设在密歇根州的海兰德帕克。

克莱斯勒公司曾经两度濒于破产,由于美国政府的保护性干预才得以生存下来。2009年,克莱斯勒再次申请破产保护,随后由美国政府和菲亚特接手,进入了重组时期。

目前,克莱斯勒汽车公司旗下的品牌有克莱斯勒、道奇和吉普等。

1)克莱斯勒

2010年,克莱斯勒发布新版logo,自20世纪90年代中期开始,克莱斯勒开始使用飞翼型标志,此次的变动保留飞翼,中间是克莱斯勒的英文衬以蓝底,更具有流线型美感。克莱斯勒新车标如图3-51所示。

图3-51 克莱斯勒新车标

目前克莱斯勒品牌旗下的产品主要有克莱斯勒 300C(见图 3-52)和克莱斯勒大捷龙等。

图 3-52　克莱斯勒 300C

2)道奇

道奇牌汽车素以物美价廉和大众化著称,在美国市场颇受欢迎。道奇的车标采用道奇兄弟的姓氏,图形车标是一个五边形中有一个羊头,如图 3-53 所示。这个车标象征道奇车的彪悍强壮,善于决斗,表示道奇的产品朴实无华、美观大方。

目前,道奇品牌旗下的产品主要有挑战者、突击者、蝰蛇、无畏、隐形、小精灵、影子、霓虹、酷威(见图 3-54)等。

图 3-53　道奇车标

图 3-54　酷威

3)吉普

吉普(JEEP)是一个品牌,而不是一个车型。世界上第一辆吉普车是 1941 年在第二次世界大战中为满足美军军需而生产的,如图 3-55 所示。克莱斯勒公司作为吉普的鼻祖,单独拥有这一注册商标。吉普汽车首先定义了运动型多用途车(SUV)细分市场,并在很长时间内引领了 SUV 市场的发展。

吉普的车标是 JEEP 的英文,如图 3-56 所示。目前,吉普品牌旗下的产品主要有切诺基(见图 3-57)、自由客、指南者、牧马人(见图 3-58)等。

图 3-55　世界上第一辆吉普车

Jeep

图 3-56　吉普的车标

图 3-57　切诺基

图 3-58　牧马人

三、法国知名汽车公司与汽车品牌

1. 标致-雪铁龙

标致-雪铁龙汽车集团公司(以下简称为 PSA 集团)由著名的法国标致汽车公司和雪铁龙汽车公司组成。1976 年,标致汽车公司购买了经营不善的雪铁龙汽车公司 60%的股份,组建了标致-雪铁龙集团公司。

目前,PSA 集团拥有标致和雪铁龙两大品牌。标致汽车公司和雪铁龙汽车公司各自具有很大的经营独立性,它们有不同的销售网络、不同的商务运作方式,也有不同的产品。两个品牌遍及了世界 150 多个国家。

1)标致

1890 年,法国人阿尔芒·标致创立了以生产自行车和三轮车为主的标致(Peugeot)汽车公司,公司总部设在法国巴黎。1891 年,标致汽车公司开始涉足汽车领域并取得成功。1921 年,标致 201 推出,如图 3-59 所示,它是世界上第一批采用前独立悬架的车型。1935 年 10 月,标致 401 也在巴黎登台,如图 3-60 所示。

标致品牌的主要车型有标致 207(见图 3-61)、标致 307、标致 308、标致 407(见图 3-62)、标致 607 及标致 807 等。

图 3-59　标致 201

图 3-60　标致 401

图 3-61　标致 207

图 3-62　标致 407

标致车型的命名采用 x0y 的格式。x 表明汽车的大小(即级别),y 表明型号(数字越大,型号越新)。因此,一辆标致 406 要比一辆标致 305 车型更大,款式更新。但是这一通用规则也有例外,如标致 309(Simca 的车型编号)就比标致 306 老些。

标致车标以一只站立的雄狮为图案,如图 3-63 所示。雄狮是标致家族的徽章,既突出力量,又强调节奏,富有时代感,喻示着标致汽车像雄狮一样威武、敏捷,永远保持旺盛的生命力。这尊小狮子后来成为标致汽车公司所在地蒙贝利亚尔省的省徽。

PEUGEOT

图 3-63　标致车标

2)雪铁龙

雪铁龙汽车公司是法国第三大汽车公司,它创立于 1915 年,创始人是安德烈·雪铁龙,汽车公司总部设在法国巴黎,主要产品是小客车和轻型载货车。1934 年,雪铁龙公司生产出法国第一辆前轮驱动汽车,如图 3-64 所示。雪铁龙汽车公司是法国最早采用流水线生产汽车的公司,因而在它成立仅仅 6 年之际,年产量即突破 100 万辆。

图 3-64 雪铁龙

1976 年，雪铁龙汽车公司加入标致集团，成为标致-雪铁龙集团成员之一，但它仍然有很大的独立性，其经营活动仍然由自己把握。雪铁龙公司有 13 个生产厂家和 1 个研究中心，其中阿尔内色布瓦是欧洲最先进的汽车厂。该厂采用计算机控制，由机器人操作，日产汽车 900 辆。

拥有百年历史的雪铁龙品牌通过其全系列车型向消费者展示新颖、迷人的设计风格，推出多功能、创新、舒适可靠的汽车产品。雪铁龙车标如图 3-65 所示，它以双“人”字为图标，以宣扬其创新精神，也体现出法国人性格开朗，追求新颖的个性，极富时尚、现代气息。双“人”字造型是雪铁龙车标永恒的主题，以此纪念发明了人字形齿轮传动系统的雪铁龙公司创始人安德烈·雪铁龙。

雪铁龙公司生产的主要车型有雪铁龙 C4、雪铁龙 C5（见图 3-66）、雪铁龙 C6、雪铁龙 C2、雪铁龙 C3、毕加索等。

图 3-65 雪铁龙车标

图 3-66 雪铁龙 C5

2. 雷诺

1898 年 10 月，路易斯·雷诺与其兄菲尔南德·雷诺及马塞尔·雷诺共同创立雷诺工厂，总部设在比昂古，后改组为雷诺股份有限公司，生产各种车辆。雷诺汽车公司是法国第二大汽车制造企业。

20 世纪 80 年代初，雷诺汽车公司迅速发展，年产汽车量高达 200 万辆以上，然而高速发展导致公司债台高筑，亏损严重。1984 年，雷诺汽车年产量跌到 30 万辆，企业岌岌可危。从 1985 年起，雷诺公司进行了一系列企业改革，推行了全面质量管理，并适时推出了多用途单厢车 Espace，如图 3-67 所示，也就是现今 MPV 的鼻祖。企业改革及适销产品的推出使雷诺公司再次起死回生。从1987年起重新赢利，此后二十余年间除1996年略有亏损外，公司一直赢利，已成为世界汽车业中效益最好的公司之一。

图 3-67 Espace

1999年3月，法国雷诺公司买下日产汽车公司36.8%的股份，又先后兼并韩国三星汽车公司和罗马尼亚达契亚汽车公司，组建雷诺-日产汽车联盟。这种联盟旨在加强品牌知名度，使这些品牌具有明显的竞争力。2009年，雷诺-日产联盟的汽车产品全球占有率已达到9.8%，成为名副其实的国际汽车业巨头。

雷诺公司以创始人路易斯·雷诺的姓氏命名，图形商标是4个菱形拼成的图案，如图3-68所示，象征雷诺三兄弟与汽车工业融为一体，表示雷诺能在无限的(四维)空间中竞争、生存、发展。

雷诺品牌旗下的产品主要有威赛帝和梅甘娜(见图3-69)等。

图 3-68 雷诺车标

图 3-69 梅甘娜

四、意大利知名汽车公司与汽车品牌

菲亚特集团创立于1899年，是意大利最大的工业集团，集团总部设在意大利都灵市。汽车业务是菲亚特集团的核心产业，它是世界上第一个生产微型车的汽车生产厂家，至今仍以生产小型轿车为主。

1969年，菲亚特兼并了蓝旗亚汽车厂，并购买了法拉利车厂50%的股份，把世界跑车业的第一品牌法拉利归到了自己旗下。1984 年，菲亚特收购了阿尔法·罗密欧，1993 年收购了玛莎拉蒂，成为一个经营多种品牌的汽车集团公司。

为方便经营，菲亚特汽车公司于 1979 年成为菲亚特汽车集团中一个独立经营的公司。菲亚特集团中各个品牌均保持传统特色，经济实惠，安全可靠。有贵族血统的蓝旗亚汽车保持一种高雅、尊贵的格调，阿尔法·罗密欧则是现代运动轿车的标志，玛莎拉蒂展现着意大利轿跑车的精华，法拉利更是世界跑车中的极品。

1. 菲亚特

菲亚特品牌生产的主要车型有城市轿车、小型轿车、中型轿车、中高档轿车、多功能型 MPV、厢式车 VAN 及敞篷车 Spider 等。其主要产品有菲亚特 600、熊猫、朋多、多能及优力赛等。如图 3-70 所示为菲亚特熊猫汽车。

1906 年，菲亚特开始采用公司全称四个单词的首字母“FIAT”为车标，其后几经变化，最终形成了现在的形象，如图 3-71 所示。FIAT 在英语中具有“法令”、“许可”的含义，因此在客户的心目中，菲亚特轿车具有较高的合法性与可靠性，深得用户的信赖。

图 3-70　菲亚特熊猫汽车

图 3-71　菲亚特车标

2. 蓝旗亚

蓝旗亚(Lancia)也译成蓝西亚。1906 年，赛车手维琴佐·蓝旗亚在都灵创办蓝旗亚公司。1907 年，蓝旗亚首次推出高性能 Alpha 车型。1969 年，蓝旗亚公司被菲亚特兼并。

蓝旗亚在众多爱车族的眼中意味着健康、向上的生活品质，它是一种颇具贵族气质的轿车。蓝旗亚汽车性能卓越，从不过分华丽，其产品注重车身整体外形、主要部件和材料的挑选。

蓝旗亚车标如图 3-72 所示，有双重意义，一是取自公司创始人之一维琴佐·蓝旗亚的姓氏，二是取自“蓝旗亚”在意大利语中的长矛之意。车标以长矛画面为主题，代表了企业不畏艰难的拼搏精神，加上旗帜上的“LANCIA”，简洁地体现出了“蓝旗亚”的全部意义。

目前，蓝旗亚品牌主要车型有蓝旗亚 Y、Lybra(见图 3-73)及 Thesis 等。

图 3-72　蓝旗亚车标

图 3-73　Lybra

3. 阿尔法·罗密欧

阿尔法·罗密欧(Alfa Romeo)汽车公司创建于 1910 年,公司总部设在米兰。该公司一开始就专门生产运动车和赛车,这些车是由意大利著名设计师设计的,有浓烈的意大利风情,在世界车坛上一直享有很高的声誉。

1984 年,阿尔法·罗密欧汽车公司被菲亚特汽车公司收购。并入菲亚特汽车公司之后,阿尔法·罗密欧汽车公司提高了技术水平,获得了较大的发展。目前,阿尔法·罗密欧品牌的车型主要有 ALFA Mito、ALFA 8C 及 ALFA TZ3 等,新型中级轿车 156 最知名,如图 3-74 所示,在 1998 年度的生产数量几乎占了全公司近 14 万辆轿车生产计划中的一半,其市场的受欢迎程度可想而知。如图 3-75 所示为阿尔法·罗密欧 8C 跑车。

图 3-74　阿尔法罗密欧 156

图 3-75　阿尔法·罗密欧 8C 跑车

阿尔法·罗密欧品牌车标于 20 世纪 30 年代初开始使用,它是米兰市的市徽,也是中世纪米兰的领主维斯康泰公爵的家徽,如图 3-76 所示。徽章上关于蛇正在吞食撒拉逊人的图案有种种传说,其中之一的说法是象征着维斯康泰的祖先曾经击退了使人民遭受苦难的"龙"。总之,这枚古老的徽章伴随阿尔法·罗密欧运动车已名扬四海,成为当今的知名车标之一。

图 3-76　阿尔法·罗密欧车标

4. 法拉利

法拉利汽车公司是世界上最闻名的赛车和运动跑车的生产厂家之一,创建于 1929 年,创始人是世界赛车冠军、划时代的汽车设计大师恩佐·法拉利,公司总部设在意大利的摩德纳。菲亚特公司拥有法拉利公司 50%的股权,但法拉利汽车公司却能独立于菲亚特公司运营。法拉利汽车大部分采用手工制造,因而产量很低。

法拉利汽车公司生产的主要跑车有法拉利 F430、法拉利 599、法拉利 612 等。2000—2008 年,法拉利汽车公司生产了 F2000、F2001、F2002、F2003-GA、F2004、F2005、248 F1、F2007 及 F2008 等 F1 赛车。F2000～F2004 是 2000—2004 年夺冠的 F1 赛车。如图 3-77 所示为法拉利 F2004 赛车,如图 3-78 所示为法拉利 F612S 跑车。

图 3-77　法拉利 F2004 赛车

图 3-78　法拉利 F612S 跑车

法拉利车标如图 3-79 所示,其上部的绿、白、红三色是意大利的国旗色,下部是法拉利的意文名,腾空跃起的黑马彪悍而有几分野性,它伴随着法拉利赛车驰骋赛场,向世界挑战,而车标底色为公司所在地摩德纳的金丝雀的颜色。

图 3-79　法拉利车标

5. 玛莎拉蒂

大多数人对于意大利赛车的认识都是从法拉利开始的,而对玛莎拉蒂跑车却不甚了解。其实,玛莎拉蒂的历史比法拉利还要早,更是比法拉利在赛场上先行取得过辉煌。

玛莎拉蒂汽车公司于 1914 年创建于意大利的科隆纳,创建人是玛莎拉蒂家族四兄弟,专门生产运动车,在欧洲具有很高的知名度。目前,玛莎拉蒂公司为菲亚特汽车集团公司的子公司,主要车型有 GranTurismo、GranCabrio、GranSport、Quattroporte 及 MC12 等。如图 3-80、图 3-81 所示分别为玛莎拉蒂 MC12 和玛莎拉蒂 2010 款总裁 Sport GTS。

图 3-80 玛莎拉蒂 MC12

图 3-81 玛莎拉蒂 2010 款总裁 Sport GTS

玛莎拉蒂车标如图 3-82 所示，树叶形的底座置于一个椭圆中，其上放置一件三叉戟，相传这个兵器是罗马神话中的海神尼普顿手中的武器，显示出海神巨大无比的威力。这个车标也是公司所在地意大利博洛尼亚市的市徽。该车标表示玛莎拉蒂牌汽车就像浩渺无垠的大海咆哮澎湃，喻示着玛莎拉蒂汽车的快速奔驰的潜力。

图 3-82 玛莎拉蒂车标

五、日本知名汽车公司与汽车品牌

1. 丰田

丰田汽车公司创立于日本，现在已发展成为以汽车生产为主，业务涉及机械、电子、金融等行业的庞大工业集团，目前其汽车年产销量位居世界第一。

图文
丰田喜一郎的故事

丰田喜一郎（见图 3-83）是丰田汽车公司的创始人，是发展日本汽车工业的功臣，被日本人称为“大批量汽车生产之父”。丰田喜一郎对汽车工业的另一项贡献是对生产过程的科学管理。他主张弹性生产方式，即要求“工人每天只做到必要的工作量”即可，开始了“丰田生产方式”。

图 3-83 丰田喜一郎

丰田汽车公司有很强的技术开发能力，而且十分重视顾客对汽车的需求，因而在它发展的各个不同历史阶段，创出了不同的名牌产品，并且以快速的产品换型击败欧美竞争对手。早期的丰田牌、皇冠、光冠、花冠等汽车名噪一时，近年的克雷西达、雷克萨斯豪华汽车也极负盛名。

丰田汽车可以划分为四个层级，最高层级为企业品牌，也就是丰田汽车；第二层级为业务品牌，包括丰田、雷克萨斯、赛恩、大发、日野五个品牌，不包括富士、翼豹等联营品牌；第三层级为产品品牌，如丰田品牌下包括凯美瑞、卡罗拉、皇冠等数十个产品的子品牌；第四层级为产品标志，如同样为卡罗拉，又具体细分为运动款、标准款、天窗版及 LE 版等多种型号，以示不同产品的区别。丰田汽车之所以涵盖了五个品牌，核心的原因是不同品牌的核心价值有明显的区别。五个品牌中，大发和日野为丰田兼并重组后的业务独立运营的品牌，雷克萨斯和赛恩则是丰田汽车公司的独立品牌。这些品牌在消费者感知层面都表现为相互独立，产品的风格和特点也不同，终端销售相互区隔，品牌广告也自行投放。

1)丰田

作为丰田汽车的最高层级企业品牌的丰田品牌已经发展成为拥有数个车系、数十个车型和车款的庞大家族，它拥有从最低端的民用经济小汽车一直到最高级的豪华轿车和 SUV 等车型。目前，皇冠、锐志、普锐斯、卡罗拉、普拉多、RAV4、普瑞维亚、陆地巡洋舰、威驰、柯斯达、汉兰达、雅力士及凯美瑞等车型被大众所知。如图 3-84 和图 3-85 所示分别为皇冠和锐志轿车。

图 3-84 皇冠轿车

图 3-85 锐志轿车

丰田车标由三个椭圆形的环组成，中间的两个椭圆形环相互垂直相交，构成了一个“T”字，如图 3-86 所示。车标外边的大椭圆代表地球，而“T”字最大限度地占据了外面大椭圆的空间，喻示着丰田公司要把自己的技术及产品推向全世界，也象征着丰田公司对未来的信心和雄心，还象征着丰田公司对顾客的保证。

图 3-86 丰田车标

2)雷克萨斯

2004 年，丰田汽车公司宣布凌志改名成雷克萨斯，也就是 Lexus 的音译名字。雷克萨斯品牌汽车是丰田汽车公司专门在国外销售的豪华轿车。因为“Lexus”的读音与英文豪华“Luxe”一词的读音相近，使人联想到该车是豪华轿车的意思。

目前，雷克萨斯已拥有LS、GS、IS、LX等车系。如图3-87和图3-88所示分别为雷克萨斯LS600和GS460轿车。

图3-87　雷克萨斯LS600

图3-88　雷克萨斯GS460

雷克萨斯车标如图3-89所示，其以在一个椭圆中镶嵌英文“Lexus”的第一个大写字母“L”为图案，椭圆代表着地球，表示雷克萨斯轿车遍布全世界。该标志被镶在散热器正中间，车尾标有文字车标“Lexus”，喻示该车像一匹黑马，驰骋在世界各地的道路上。

图3-89　雷克萨斯车标

2. 本田

本田汽车公司全称为本田技研工业株式会社，其前身是本田技术研究所，创建于1948年9月，创始人是本田宗一郎。本田公司是世界上最大的摩托车生产厂家，于1962年开始生产汽车。公司总部设在东京，雇员总数为3万人左右。本田公司先后建立了本田美国公司、本田亚洲公司及本田英国公司，公司已成为一个跨国汽车、摩托车生产销售集团公司。它的产品除汽车、摩托车外，还有发电机、农机等。

本田汽车公司是汽车行业的“彼得·潘”——一家拒绝长大的公司，坚决维护其创始人所倡导的“独立行事、快速行动”的企业文化，大胆地在全球战略、产品概念及可持续使用的资源等方面坚持走自己的道路。

目前，本田汽车公司在日本占有15%的汽车销售市场份额，超过日产，仅次于丰田。在几乎占据了本田营业利润2/3的北美市场，本田已经建立了第五家汽车装配厂，并且正在对汽车制造商最后的堡垒——轻型卡车市场发起进攻。本田汽车公司在新型燃料运用领域的研究也处于领先地位。

1)本田

本田品牌的主要汽车产品有雅阁、思域、锋范、奥德赛、飞度及本田CR-V等。

本田思域是标准家庭用轿车的代表,历来处于时代的领先地位。它具有良好的驾乘乐趣,行驶安全性较高,车内空间也较宽敞,价格适中。至今为止本田思域在全球的累计产量已超过2 000万辆,是本田汽车产品系列中最畅销的产品之一。如图3-90所示为本田思域轿车。

本田雅阁是日本汽车历史上最成功的车型之一,从1976年问世以来,已经历了数次换代,如图3-91所示。

图3-90 本田思域轿车

图3-91 本田雅阁轿车

本田汽车公司在20世纪80年代成立了车标设计研究组,从来自世界各地的2 500多件设计图稿中,确定了现在的"三弦音箱式"车标,如图3-92所示,也就是带框的H。图案中的H是本田拼音Honda的第一个字母。周围用方框围着,体现了技术创新、团结向上、经营有力的精神。

图3-92 本田车标

2)讴歌

讴歌品牌是本田汽车公司在美国的高档豪华车品牌,它诞生于1986年3月。目前,讴歌汽车产品包括RL、TL、TSX、RDX及MDX等系列。如图3-93和图3-94所示分别为讴歌RL和TL轿车。

图 3-93　讴歌 RL 轿车

图 3-94　讴歌 TL 轿车

讴歌品牌先有品牌名称，后有品牌标志，1990 年 NSX 跑车推出时，为了体现事业部“精湛工艺打造卓越性能”新口号的精髓，将 Acura 中的“A”转化为一个传统的卡钳样式。在机械加工中，卡钳专门用于精确测量，这正好体现了事业部“精确”的主题。如图 3-95 所示为讴歌车标。

图 3-95　讴歌车标

3. 日产

日产汽车公司是日本的一家汽车制造商，于 1933 年在神奈川县横滨市成立，目前在 20 个国家和地区(包括日本)设有汽车制造基地，并在全球 160 多个国家和地区提供产品和服务。公司经营范围包括汽车产品和船舶设备的制造、销售和相关业务。1999 年，雷诺与日产汽车结成独立的合作伙伴关系，在广泛的领域中展开战略性的合作，日产汽车通过联盟将事业区域拓展至全球，其经济规模大幅增长，年汽车销售量近 500 万辆。

1) 日产

“NISSAN”是日语“日产”两个字的罗马音形式，是日本产业的简称，其含义是“以人和汽车的明天为目标”。日产的标志是将 NISSAN 放在一个火红的太阳上，如图 3-96 所示，简明扼要地表明了公司名称，突出了所在国家的形象，这在汽车商标文化中独树一帜。

目前，日产品牌旗下的主要产品有天籁(见图 3-97)、轩逸、阳光、骐达、逍客、奇骏、帕拉丁等。

图 3-96　日产车标

图 3-97　天籁

2)英菲尼迪

英菲尼迪作为日产旗下的豪华车品牌诞生于1989年，最先在美国上市，与雷克萨斯、宝马、奔驰在北美市场分庭抗礼，并且迅速成长为北美重要的豪华车品牌。自诞生之日起，英菲尼迪便以独特前卫的设计、出色的操控表现和顶级的客户服务著称。其高雅的感性设计与让人为之感动的优越性能，决定了其更具魅力、充满价值的驾驶乐趣。

英菲尼迪车标如图3-98所示，椭圆曲线代表无尽扩张之意，也象征着“全世界”；两条直线代表通往巅峰的道路，象征无尽的发展。

INFINITI

图3-98　英菲尼迪车标

目前，英菲尼迪品牌已拥有双门跑车、轿车、越野车和SUV等全系列车型。如图3-99所示为英菲尼迪G37S Coupe跑车，如图3-100所示为英菲尼迪SUV。

图3-99　英菲尼迪G37S Couper

图3-100　英菲尼迪SUV

4. 马自达

马自达公司创立于1920年，是日本最著名的汽车品牌之一，是日本第四大汽车制造商，是世界上唯一研发和生产转子发动机的汽车公司。马自达在20世纪60年代初正式生产轿车，自1981年至2002年，马自达已累积生产了3 500多万辆各种汽车。在20世纪90年代之前，马自达汽车公司在日本国内排名仅在丰田、日产之后。

自2000年开始，马自达公司在股东之一福特公司的帮助下，通过实施“新千年计划”，使公司的发展进入了一个新的阶段。2002年开始，马自达公司先后推出了马自达6(见图3-101)、马自达3、马自达2、马自达8、RX-8(见图3-102)、Roadstar和CX-7等一系列新车型，在世界各地都取得了不俗的销售业绩。

图 3-101　马自达 6

图 3-102　RX-8

马自达公司与福特公司合作之后，采用了新的车标，椭圆中展翅飞翔的海鸥，同时又组成“M”字样，如图 3-103 所示。“M”是“MAZDA”第一个大写字母，预示着公司将展翅高飞，以无穷的创意和真诚的服务，迈向新世纪。

图 3-103　马自达车标

5. 三菱

三菱汽车公司总部位于东京，于 1970 年从三菱重工业公司独立出来，是日本汽车行业中最年轻的汽车制造公司。但是，三菱集团有着生产汽车的悠久历史。早在 1917 年就在日本首次推出了成批生产的三菱 A 型轿车。

三菱的标志是岩崎家族的家族标志“三段菱”和土佐藩主山内家族的家族标志“三柏菱”的结合，后来逐渐演变成今天的三菱标志，如图 3-104 所示。

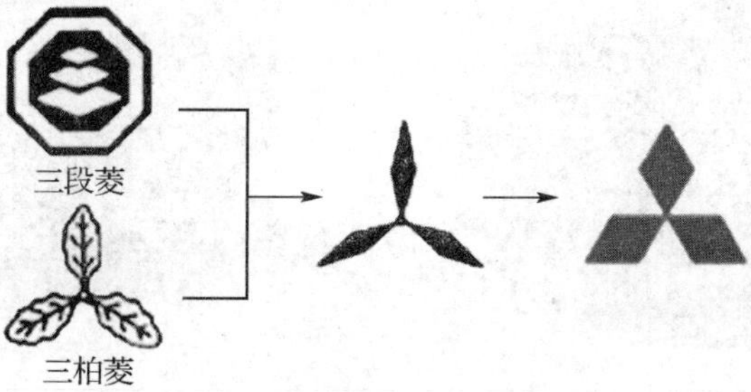

图 3-104　三菱汽车标志的演变

目前，三菱汽车旗下的产品主要有帕杰罗(见图 3-105)、欧蓝德和蓝瑟等。

图 3-105　帕杰罗

七、韩国知名汽车公司与汽车品牌

1998 年，起亚汽车公司与韩国最大的汽车公司——现代公司签定了股权转让协定，并且在 2000 年，与现代汽车公司一起成立现代-起亚汽车集团。集团包括现代汽车、起亚汽车和现代零件供应商及 19 个与集团产业有关的核心公司，在市场上，起亚和现代以两个公司的方式独立运行操作。

1. 现代

现代汽车公司是韩国最大的汽车企业，原属现代集团，是世界 20 家最大汽车公司之一。创立于 1967 年，创始人是原现代集团会长郑周永。公司总部在韩国首尔。2012 年，现代汽车年产销量突破 700 万辆，成为世界上规模最大的汽车制造公司之一。

现代汽车车标如图 3-106 所示。在一望无垠的大海上，穿过水平线徐徐上升的英文“hyundai”象征着现代汽车集团不断挑战和创新的威严形象，水平的直线代表着现代汽车集团在任何情况下不动摇，无限负责，并把一线可能性变成现实的意志，同时也体现人类之爱，象征着现代汽车集团奔向更加美好未来的道路。作为主色调的现代蓝象征着希望、可能性、可信性。

图 3-106　现代汽车车标

目前，现代汽车旗下的主要产品有雅绅特、伊兰特(见图 3-107)、索纳塔、途胜(见图 3-108)、朗动、悦动等。

图 3-107　伊兰特

图 3-108　途胜

2. 起亚

起亚即起亚汽车公司，是韩国最早的汽车制造商，现在隶属于现代集团，拥有完善的乘用车和商用车生产流水线。起亚的名字，源自汉语，“起”代表起来，“亚”代表在亚洲。因此，起亚的意思，就是“起于东方”或“起于亚洲”。源自汉语的名字、代表亚洲崛起的含义，正反映了起亚的胸襟——崛起亚洲、走向世界。

起亚汽车原来的标志是由白色的椭圆、红色的背景和黑体的“KIA”三个字母构成，而更改后的标识将变为亮红的椭圆、白色的背景和红色的“KIA”字样，给人感觉更加鲜活。起亚汽车公司标志是英文“KIA”，形似一只飞鹰，象征公司如腾空飞翔的雄鹰。起亚汽车的车标如图 3-109 所示。

图 3-109　起亚车标

目前，起亚汽车旗下的产品主要有起亚 K2、起亚 K3（见图 3-110）、起亚 K5、智跑（见图 3-111）、狮跑、赛拉图、福瑞迪等。

图 3-110　起亚 K3

图 3-111　智跑

CHAPTER 4

第四章

中国汽车公司与品牌

一、中国第一汽车集团公司

中国第一汽车集团公司简称“中国一汽”或“一汽”，是国有特大型汽车生产企业，总部位于吉林省长春市，前身是第一汽车制造厂。一汽 1953 年奠基兴建，1956 年建成并投产，制造出新中国第一辆解放牌卡车，如图 4-1 所示；1958 年制造出新中国第一辆东风牌小轿车和第一辆红旗牌高级轿车，如图 4-2、图 4-3 所示。一汽的建成，开创了中国汽车工业新的历史。经过 50 多年的发展，一汽已经成为国内最大的汽车企业集团之一。

图 4-1　解放牌卡车

图 4-2　东风牌小轿车

图片
红旗品牌最新车型

图 4-3　红旗牌高级轿车

截至 2012 年 3 月，中国一汽拥有职能部门 22 个，分公司 5 个，全资子公司 6 个，控股子公司 4 个。其中上市公司 4 个，分别是一汽轿车股份有限公司、长春一汽富维汽车零部件股份有限公司、天津一汽夏利汽车股份有限公司、启明信息技术股份有限公司。一汽的主营业务板块按领域划分为：研发、乘用车、商用车、零部件和衍生经济等体系。一汽拥有员工 12 万人，资产总额 2 136.5 亿元。

一汽经过多年的发展建设，初步建立了适应市场竞争需求的现代企业制度；逐步形成了东北、华北、西南、华南等生产基地，形成了布局合理、辐射全国、面向海外的开放式发展格局；改造并建设了卡车、轿车、轻微型车和客车等新工厂，形成了较为先进的生产制造阵地；自主研发与企业核心竞争能力不断提升，形成了卡车、轿车、轻微型车、客车多品种、宽系列的产品格局；拥有解放、红旗、奔腾、夏利等自主品牌和大众、奥迪、丰田、马自达等合资合作品牌。

一汽产销量、营业收入等连续多年居中国汽车行业前列。2011 年，一汽销售汽车超过 260 万辆，实现营业收入 3 694.3 亿元，列“世界 500 强”第 197 位，“中国一汽”品牌价值达到 982.87 亿元。至今，中国一汽累计产销各类汽车 1 800 余万辆、实现利税 2 500 多亿元。

1. 一汽-大众

一汽-大众汽车有限公司（以下称一汽-大众）于 1991 年 2 月 6 日成立，是由中国第一汽车集团公司、德国大众汽车股份公司、奥迪汽车股份公司和大众汽车（中国）投资有限公司合资经营的大型乘用车生产企业，是我国第一个按经济规模起步建设的现代化乘用车工业基地，在长春、成都和佛山建有三大生产基地。

图片
大众车型展示

经过 20 多年的发展，一汽-大众已经从建厂之初的一个品牌一款产品，发展到现在的奥迪、大众两大品牌 9 大系列产品——奥迪 A6L（见图 4-4）、奥迪 Q5、奥迪 A4L、迈腾、CC、速腾、宝来、高尔夫和捷达轿车（见图 4-5），每款产品无论是性能还是销量都是其细分市场里的主导产品。一汽-大众已成为国内成熟的 A、B、C 全系列乘用车生产制造基地，从 1991 年 12 月 5 日第一辆捷达轿车组装下线到 2012 年底，一汽-大众已经累计生产整车 677.26 万辆。

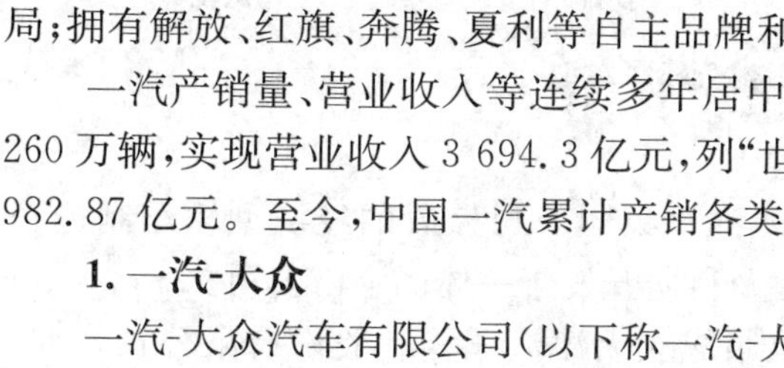

图 4-4　奥迪 A6L

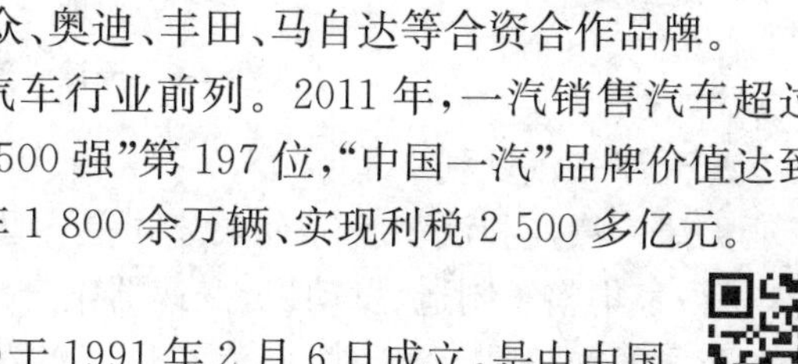

图 4-5　捷达轿车

在不断发展的过程中，一汽-大众在技术开发领域投入了极大的力量，目前拥有造型车间、试验车间、虚拟现实中心、车辆安全中心、预批量中心、测量技术中心和多个功能实验室等重要技术部门；同时，亚洲最大的整车试验场已经开始建设。在预开发能力、本地化开发、国产化认可、零件开发及试验试制方面有着超强的技术实力。

2. 天津一汽丰田

天津一汽丰田汽车有限公司（中文简称天津一汽丰田，英文简称 TFTM）是国家商务部批准成立的大型中外合资企业，出资方为中国第一汽车集团公司、天津一汽夏利汽车股份有限公司、丰田汽车公司和丰田汽车（中国）投资有限公司，成立于 2000 年 6 月，目前生产能力为年产 42 万辆。

截至 2010 年 1 月，天津一汽丰田累计生产汽车超过 150 万辆，连续投放了威驰（VIOS）、皇冠（CROWN）、锐志（REIZ）、卡罗拉（COROLLA）及 RAV4 等系列产品，如图 4-6 所示，完成了从经济型轿车到中高级轿车的产品布局。2009 年 3 月城市型 SUV 车型 RAV4 的投产，是天津一汽丰田由单一轿车产品向轿车、SUV 车型多样化发展的重要标志。

皇冠　锐志　卡罗拉　威驰

图 4-6　天津一汽丰田部分轿车车型

3. 天津一汽夏利

天津一汽夏利汽车股份有限公司是中国第一汽车集团公司控股的经济型轿车制造企业，是一家集整车制造、发动机、变速器生产、销售及科研开发于一体的上市公司。

公司的前身是天津市微型汽车厂，1997 年改制成立天津汽车夏利股份有限公司，1999 年在深圳证券交易所挂牌上市。2002 年 6 月 14 日，一汽集团与天汽集团签署重组协议，一汽集团受让了原由天汽集团持有的公司 50.98%的股份，对公司拥有控股权，企业正式融入一汽体系之中，天津一汽夏利汽车股份有限公司由此得名。

天津一汽夏利现在主要有夏利（见图 4-7）、威志等乘用车系列。

图 4-7　天津一汽夏利轿车

4. 一汽轿车

一汽轿车股份有限公司，简称“一汽轿车”，是中国第一汽车集团的控股子公司，是一汽集团发展自主品牌乘用车的主要企业之一。公司的主营业务为开发、制造和销售乘用车及其配件，年生产能力轿车整车 40 万辆，发动机 33 万台，变速器 52 万台。一汽轿车现有红旗、一汽奔腾、一汽欧朗、Mazda 等乘用车产品系列。全新品牌一汽欧朗（见图 4-8）于 2011 年 11 月发布、2012 年 4 月正式上市。

图 4-8　一汽欧朗汽车

一汽轿车自成立至 2012 年，共产销轿车 140 余万辆，其中自主产品近 70 万辆；整车年产销规模放大 10 余倍，由 2 万多辆提升到 24 万辆；整车产能由 3 万辆提高到 40 万辆；总资产由 48 亿元增加到 160 亿元以上，销售收入由 52 亿元将增长到 320 亿元以上，成为一汽旗下重要的组成部分之一。

二、东风汽车公司

东风汽车公司（原第二汽车制造厂）始建于 1969 年，是中国特大型国有骨干企业，总部设在“九省通衢”的武汉，主要基地分布在十堰、襄阳、武汉、广州等地，主营业务涵盖全系列商用车、乘用车、零部件、汽车装备和汽车水平事业。

2004 年，东风汽车公司将旗下的东风汽车有限公司、神龙汽车有限公司、东风本田汽车有限公司、东风电动车辆股份有限公司、东风越野车有限公司等主要业务进行整合，成立了东风汽车集团股份有限公司。

2012 年，东风汽车集团股份有限公司销售汽车 307.85 万辆，营业收入 3 904 亿元，东风自主品牌汽车实现销售 112.1 万辆，位居行业前三。东风自主品牌商用车实现销售 60.6 万辆，继续保持国内领先水平，中、重卡销量连续 9 年居行业第一；东风自主品牌乘用车实现销售 51.52 万辆，同比增长 27.29%，高于行业 21.94 个百分点。

1. 东风日产

东风日产乘用车公司成立于 2003 年 6 月 16 日，是东风汽车有限公司旗下重要的乘用车板块，由花都工厂、襄阳工厂、郑州工厂、大连工厂，以及发动机分公司和研发中心组成，有员工约 16 000 人。

东风日产目前已形成花都、襄阳、郑州和大连四大基地纵贯南北、各有侧重的战略布局。总部花都工厂作为母工厂，着力于入门级、中级轿车的生产，打造规模化生产工厂；襄阳工厂作为品质标杆工厂，以生产高端车型为主，并计划于2014年开始生产英菲尼迪品牌车型；郑州工厂主导NISSAN品牌SUV车型和启辰品牌车型的生产；大连工厂计划于2014年开始投产NISSAN品牌车型。

2010年9月，东风日产正式发布自主品牌“启辰”。“启辰”的诞生，标志着东风日产已进入“双品牌”运营阶段。目前，NISSAN品牌旗下拥有楼兰、天籁（见图4-9）、奇骏、逍客、轩逸、骐达、阳光、骊威、玛驰等多款畅销车型，以及高端MPV新贵士、高性能跑车370Z、全能超级跑车GT-R等进口车型。加上2012年诞生的自主品牌启辰D50（见图4-10）、R50车型，东风日产已形成高端品类、旗舰品类、家轿品类、时尚动感品类和SUV品类五大品类车型布局，是行业内车型最多、产品线最完整的企业之一。

图4-9　东风日产天籁轿车

图4-10　东风日产启辰D50

2012年10月，东风日产第400万辆整车下线，刷新行业最快纪录。到2015年，东风日产四大基地整车总产能有望从现有的100万辆提升至150万辆。

2. 东风本田

东风本田汽车有限公司成立于2003年，是由东风汽车集团股份有限公司出资50%、本田技研工业（中国）投资有限公司出资10%、日本本田技研工业株式会社出资40%共同组建的整车生产经营企业，注册资本5.6亿美元，拥有员工6 989人。东风本田目前共有两个生产工厂，2004年4月1日，东风本田第一工厂投产，目前已形成24万辆生产规模。2012年7月10日，东风本田第二工厂投产，按一次规划分期实施的原则，第二工厂整体规划年产量24万辆，一期建设规模年产10万辆，后期将逐步扩大产能，两个工厂整体产能将最终提升至48万辆/年。

东风本田的主要车型有运动型多功能车思威（CR-V）、中级车思域（CIVIC）、高端运动型轿车思铂睿（SPIRIOR）、自主品牌车型思铭（CIIMO）、高端MPV艾力绅（Elysion）、混合动力车音赛特（INSIGHT）、新概念轿车杰德（JADE），如图4-11和4-12所示为东风本田思威和思铂睿。

图 4-11　东风本田思威

图 4-12　东风本田思铂睿

3. 东风标致

东风标致属神龙汽车有限公司旗下品牌。神龙汽车有限公司(以下称神龙公司)，是由东风汽车公司与法国标致-雪铁龙集团合资兴建的汽车生产经营企业，1992 年 5 月 18 日成立，总部位于湖北武汉。

2002 年 10 月，东风汽车公司与标致-雪铁龙集团签订扩大合作的合资合同，两大集团强强联手，全面展开将标致品牌引入中国的新蓝图，东风标致由此诞生。东风标致品牌，秉承“同心同行、标新致远”的品牌理念，目前拥有 508(见图 4-13)、408、3008、308、307(见图 4-14)、207 等车型系列产品，覆盖高端、中高端、经济型及 SUV 多个乘用车细分市场。

图 4-13　东风标致 508

图 4-14　东风标致 307

4. 东风雪铁龙

东风雪铁龙和东风标致一样，同属于神龙汽车有限公司旗下品牌，现拥有塞纳、凯旋、C 系列、新萨拉-毕加索、新爱丽舍(见图 4-15)、世嘉和富康等系列产品，全面覆盖和满足了中国家庭及公商务轿车市场的需求。从 1992 年引入中国生产销售起，东风雪铁龙轿车始终保持与法国引进车型同步改进，并不断进行中国化道路及辅料使用环境的适配工作，在中国的累计销量已达到 80 万辆。

图 4-15　东风雪铁龙新爱丽舍

5. 东风悦达起亚

东风悦达起亚汽车有限公司系由东风汽车公司、江苏悦达投资股份有限公司、韩国起亚自动车株式会社共同组建的中外合资轿车制造企业，目前拥有两个生产基地，产能规模达到 62 万辆，在建的第三工厂预计 2014 年投产，产能 30 万辆。其主要产品有 K3、K2/K2 两厢（见图 4-16）、K5 Nu、福瑞迪、智跑、新秀尔、新狮跑、赛拉图（见图 4-17）、锐欧等。

图 4-16　东风悦达起亚 K2

图 4-17　东风悦达起亚赛拉图

三、上海汽车工业（集团）总公司

上海汽车工业（集团）总公司（简称上汽集团）是国内最大的汽车公司之一，主要业务涵盖整车（包括乘用车、商用车）、零部件（包括发动机、变速箱、动力传动、底盘、内外饰、电子电器等）的研发、生产、销售和物流、车载信息、二手车等汽车服务贸易业务，以及汽车金融业务。

上汽集团所属主要整车企业包括乘用车公司、商用车公司、上海大众、上海通用、上汽通用五菱、南京依维柯、上汽依维柯红岩、上海申沃等。

2012 年，上汽集团整车销量达到 449 万辆，同比增长 12%，继续保持国内汽车市场领先优势，并以当年度 762.3 亿美元的合并销售收入，第九次入选《财富》杂志世界 500 强，排名第 103 位，比上一年上升了 27 位。

荣威是上汽集团旗下的一款汽车品牌，于 2006 年 10 月推出。该品牌下的汽车技术来源于上海汽车之前收购的罗孚，但上海汽车并未收购“罗孚”品牌，而是将其定名为“荣威(ROEWE)”，如图 4-18 所示，取意“创新殊荣、威仪四海”。荣威的品牌在 4 年时间里发展迅速，其产品已经覆盖中级车与中高级车市场，“科技化”已经成为荣威汽车的品牌标签。

图 4-18　荣威轿车

1. 上海大众

成立于 1985 年的上海大众汽车有限公司(以下简称上海大众)是一家中德合资企业，中德双方投资比例为：上汽集团 50%，德国大众汽车集团 40%、大众汽车(中国)投资有限公司 10%。经过多年的发展，目前已经形成了以上海安亭为总部，辐射上海安亭和江苏南京、仪征的三大生产基地。此外，宁波工厂、乌鲁木齐工厂正在规划建设中。

上海大众是国内规模最大的现代化轿车生产基地之一。基于大众汽车、斯柯达两大品牌，公司目前拥有波罗(Polo)、途安(Touran)、朗逸(Lavida)(见图 4-19)、途观(Tiguan)(见图 4-20)、桑塔纳(Santana)、帕萨特(Passat)和晶锐(Fabia)、明锐(Octavia)、昊锐(Superb)等十大系列产品，覆盖 A0 级、A 级、B 级、SUV 等不同细分市场。

图 4-19　上海大众朗逸

图 4-20　上海大众途观

2. 上海通用

上海通用汽车有限公司(以下简称上海通用)成立于 1997 年 6 月 12 日，由上海汽车集团股份有限公司、通用汽车公司共同出资组建而成。上海通用目前拥有浦东金桥、烟台东岳、沈阳北盛和武汉分公司(在建)四大生产基地，共 4 个整车生产厂、两个动力总成厂，是中国汽车工业的重要领军企业之一。坚持“以客户为中心、以市场为导向”的经营理念，上海通用不断打造优质的产品和服务，目前已拥有别克、雪佛兰、凯迪拉克三大品牌，20 多个系列的产品阵容，覆盖了从高端豪华车到经济型轿车各梯度市场，以及高性能豪华轿车、MPV、SUV、混合动力和电动车等细分市场。

目前，上海通用旗下的产品主要有君威（见图 4-21）、君越、英朗、凯越（见图 4-22）、景程、科鲁兹（见图 4-23）、赛欧（见图 4-24）、科帕奇等。

图 4-21　上海通用君威

图 4-22　上海通用凯越

图 4-23　上海通用科鲁兹

图 4-24　上海通用赛欧

四、中国长安汽车集团股份有限公司

中国长安汽车集团股份有限公司（以下简称中国长安）成立于 2005 年 12 月 26 日，是中国南方工业集团公司、中国航空工业集团公司两大世界 500 强中央企业对旗下汽车产业进行战略重组、共同成立的一家特大型企业集团，是中国四大汽车集团之一，总部位于北京。

中国长安旗下拥有整车、动力总成、零部件、商贸服务四大主业板块。2011 年 8 月，中国长安自主品牌产量达到 168 万辆，成为对中国自主品牌贡献最大的汽车企业。中国长安的整车及发动机年产能力 278 万辆，旗下有长安雪铁龙、蒙迪欧-致胜（见图 4-25）、福克斯（见图 4-26）、马自达 3 等合资品牌，还有悦翔、长安逸动（见图 4-27）、奔奔（见图 4-28）等自主品牌。

图 4-25　蒙迪欧-致胜

图 4-26　福克斯

图 4-27　长安逸动

图 4-28　长安奔奔

五、北京汽车集团有限公司

北京汽车集团有限公司(以下简称北汽集团)，是中国最大的汽车集团之一，主要从事整车制造、零部件制造、汽车服务贸易、研发、教育和投融资等业务，是北京汽车工业的发展规划中心、资本运营中心、产品开发中心和人才中心。北汽集团有着悠久的历史，其前身可追溯到 1958 年成立的“北京汽车制造厂”。北汽集团先后自主研制、生产了北京牌 BJ210、BJ212 等系列越野车，北京牌勇士系列军用越野车，北京牌 BJ130、BJ122 系列轻型载货汽车，以及欧曼重卡、欧 V 大客车等著名品牌产品，合资生产了“北京 JEEP”切诺基、现代品牌、奔驰品牌产品。

2012 年，北汽集团累计销售 170.1 万辆，生产 167.3 万辆，营业收入 2 100 亿元，利润 170 亿元，综合经营指标排名行业第四，成为首都经济高端产业和现代制造业的重要支柱产业。

1. 北京奔驰

北京奔驰汽车有限公司(以下简称北京奔驰)是北京汽车股份有限公司与戴姆勒股份公司、戴姆勒大中华区投资有限公司组建的合资企业，于 2005 年 8 月 8 日正式成立。北京奔驰工厂位于北京经济技术开发区，历史上曾经生产过克莱斯勒-铂锐和克莱斯勒-300C 等车型，目前生产梅赛德斯-奔驰长轴距 E 级轿车(见图 4-29)、C 级轿车和 GLK 级豪华中型 SUV(见图 4-30)。

图 4-29 北京奔驰长轴距 E 级轿车

图 4-30 北京奔驰 GLK 级豪华中型 SUV

图片
北京现代最新车型

2. 北京现代

北京现代汽车有限公司(以下简称北京现代)成立于 2002 年 10 月 18 日,是中国加入 WTO 后被批准的第一个汽车生产领域的中外合资项目,被确定为振兴北京现代制造业、发展首都经济的龙头项目和示范工程。公司由北京汽车投资有限公司和韩国现代自动车株式会社共同出资设立,旗下有 3 座整车生产工厂、3 座发动机生产工厂和一座承担自主研发的技术中心。整车年生产能力已经达到 100 万台,发动机年生产能力达到 100 万台。

截至 2013 年 6 月底,北京现代旗下朗动、第八代索纳塔、全新胜达等 12 款车型累计产销突破 462 万辆,累计实现销售收入 4 477 亿元,累计纳税 564 亿元,稳居中国乘用车市场第一阵营。

北京现代旗下的品牌有瑞纳、现代 ix35(见图 4-31)、伊兰特(见图 4-32)、伊兰特-悦动、i30、雅绅特、途胜(见图 4-33)、名驭、索纳塔(见图 4-34)、伊兰特-朗动、全新胜达等。

图 4-31 现代 ix35

图 4-32 伊兰特

图 4-33 途胜

图 4-34 索纳塔

六、广州汽车集团股份有限公司

广州汽车集团股份有限公司(以下简称广汽集团)是一家大型国有控股股份制企业集团,其前身为成立于1997年6月的广州汽车集团有限公司。2005年6月28日,广州汽车工业集团有限公司、万向集团公司、中国机械工业集团有限公司、广州钢铁企业集团有限公司和广州市长隆酒店有限公司作为共同发起人,对原广州汽车集团有限公司进行股份制改造,设立广汽集团。

广汽集团的主要业务有面向国内外市场的汽车整车及零部件设计与制造、汽车销售与物流、汽车金融、保险及相关服务,具有独立完整的产、供、销及研发体系。目前,集团旗下拥有广汽乘用车、广汽本田、广汽丰田、广汽三菱、广汽菲亚特、广汽吉奥、本田(中国)、广汽日野、广汽客车、五羊本田、广汽部件、广汽丰田发动机、上海日野发动机、广汽商贸、同方环球、中隆投资、广汽汇理、广爱公司、众诚保险、广汽研究院等数十家知名企业与研发机构。

1. 广汽本田

广汽本田汽车有限公司(原名广州本田汽车有限公司)于1998年7月1日成立,是由广州汽车集团公司与日本本田技研工业株式会社共同出资组建的合资公司。广汽本田拥有黄埔工厂和增城工厂两个厂区,生产能力合计达到年产48万辆。广汽本田的量产车型包括本田品牌的歌诗图、雅阁(见图4-35)、奥德赛、凌派、锋范、飞度(见图4-36)六大系列车型和理念品牌的理念S1车型,同时以进口方式销售混合动力车型Honda CR-Z和FIT HYBRID。

图4-35　广汽本田雅阁

图4-36　广汽本田飞度

2007年7月19日,广汽本田成立广汽本田汽车研究开发有限公司,这是国内第一个由合资企业独立投资、以独立法人模式运作、具有整车独立开发能力的汽车研发机构。广汽本田汽车研究开发有限公司的成立,标志着合资企业自主品牌正式破题,对于提升中国汽车工业的自主研发能力具有重要的意义。

2. 广汽丰田

广汽丰田汽车有限公司(以下简称广汽丰田)成立于2004年9月1日,是由广州汽车集团股份有限公司和丰田汽车公司按50%∶50%的股比共同投资建设和经营的企业,现有凯美瑞(见图4-37)、雅力士、汉兰达和逸致(见图4-38)四款车型,两条生产线,年产能力36万辆。

图 4-37　广汽丰田凯美瑞

图 4-38　广汽丰田逸致

广汽丰田的凯美瑞车型上市立即畅销，一举创下连续 15 个月蝉联中国中高级轿车销量桂冠的神话，其中 2007 年和 2008 年蝉联中高级轿车上牌量第一。2011 年 8 月 4 日，广汽丰田公司第 100 万辆汽车下线，成为在以中高级轿车为主力产品的车企中，最快实现百万辆下线的企业之一。

七、其他汽车企业和品牌

1. 奇瑞汽车股份有限公司

奇瑞汽车股份有限公司(以下简称奇瑞公司)成立于 1997 年 1 月 8 日，经过 15 年的创新发展，现已成为国内最大的集汽车整车、动力总成和关键零部件的研发、试制、生产和销售为一体的自主品牌汽车制造企业，以及中国最大的乘用车出口企业。

目前，奇瑞公司已具备年产 90 万辆整车、90 万台/套发动机及 80 万台变速箱的生产能力，建立了 A00、A0、A、B、SUV 五大乘用车产品平台，拥有奇瑞、瑞麒、威麟和开瑞四大品牌，上市产品覆盖 11 大系列共 21 款车型。2012 年，奇瑞累计销量突破 400 万辆，连续 12 年蝉联中国自主品牌乘用车年度销量第一位；产品远销 80 余个国家和地区，累计出口已超过 80 万辆，并连续 10 年成为中国最大的乘用车出口企业。

“自主创新”是奇瑞公司发展战略的核心，也是奇瑞公司实现超常规发展的动力之源。从创立之初，奇瑞公司就坚持自主创新，努力成为一个技术型企业。截至 2012 年底，奇瑞公司累计申报各项专利 7 751 件，累计获得各项授权专利 5 364 件，位居本土汽车企业第一位。

目前，奇瑞旗下的产品主要有 QQ(见图 4-39)、A3(见图 4-40)、旗云、瑞麒、瑞虎、东方之子等。

图 4-39　奇瑞 QQ

图 4-40　奇瑞 A3

2. 比亚迪股份有限公司

比亚迪创立于 1995 年，现拥有 IT、汽车和新能源三大产业。2003 年，比亚迪收购西安秦川汽车有限责任公司(现“比亚迪汽车有限公司”)，正式进入汽车制造与销售领域，开始民族自主品牌汽车的发展征程。

比亚迪汽车有限公司的汽车产品包括各种高、中、低端系列燃油轿车，以及汽车模具、汽车零部件、双模电动汽车及纯电动汽车等。其代表车型包括 F3(见图 4-41)、F3R、F6、F0、G3、G3R(见图 4-42)、L3/G6、速锐等传统高品质燃油汽车，S8 运动型硬顶敞篷跑车、高端 SUV 车型 S6 和 MPV 车型 M6，以及领先全球的 F3DM、F6DM 双模电动汽车和纯电动汽车 E6 等。

图 4-41　比亚迪 F3

图 4-42　比亚迪 G3R

3. 浙江吉利控股集团有限公司

浙江吉利控股集团有限公司(以下简称吉利集团)是中国国内汽车行业十强中唯一一家民营轿车生产经营企业，始建于 1986 年，经过 20 年的建设与发展，在汽车、摩托车、汽车发动机、变速器、汽车电子电气及汽车零部件方面取得辉煌业绩。2009 年 12 月 23 日，吉利集团成功收购沃尔沃汽车 100%的股权。

吉利集团拥有“帝豪”、“全球鹰”、“英伦”三大品牌；现有吉利自由舰(见图 4-43)、吉利金刚、吉利远景、吉利熊猫(见图 4-44)、上海华普、中国龙等八大系列 30 多个品种整车产品；拥有1.0 L～1.8 L 八大系列发动机及八大系列手动与自动变速器。

图 4-43　吉利自由舰

图 4-44　吉利熊猫

4. 华晨汽车集团控股有限公司

华晨汽车集团控股有限公司(以下简称华晨汽车集团)，是 2002 年设立的国有独资公司，总部坐落于素有“共和国装备部”之称的国家重点装备制造业基地——辽宁省沈阳市，是辽宁汽车工业的龙头企业、中国汽车工业自主品牌的主力军，现有员工 4.6 万人，资产总额超过 730 亿元。

截至 2012 年，华晨汽车集团在国内已建成南北两大产销基地，6 个整车生产企业、4 个发动机生产企业和多家零部件生产企业，具备国内少有的整车造型、设计能力、样车制造、整车匹配开发及发动机等核心汽车零部件的设计、开发能力。企业通过高起点自主创新，打造了“中华”、“金杯”两大自主整车品牌及“华晨宝马”合资整车品牌，产品已覆盖乘用车、商用车全领域。目前，华晨汽车集团旗下的产品主要有中华骏捷（见图 4-45）、中华尊驰、中华酷宝、金杯海狮（见图 4-46）等。

图 4-45　中华骏捷

图 4-46　金杯海狮

2012 年，华晨汽车集团实现整车销售 67.2 万辆，实现发动机销售 82.5 万台，实现销售收入 1 067 亿元。

5. 长城汽车股份有限公司

长城汽车股份有限公司（以下简称“长城汽车”）是中国规模最大的民营汽车制造企业，公司以稳健发展而著称，经济实力雄厚，连续 10 余年创造高增长和赢利的业绩。

长城汽车是中国最大的 SUV 和皮卡制造企业，目前旗下拥有“哈弗”、“长城”两个品牌，产品涵盖 SUV、轿车、皮卡三大品类，拥有 4 个整车生产基地、80 万辆产能，具备发动机、变速器等核心零部件的自主配套能力，下属控股子公司 30 余家，员工 6 万余人。长城汽车已在十几个国家建立了组装厂，其中 2012 年 2 月投产的保加利亚组装厂，是中国自主品牌第一个在欧盟建立的汽车组装厂。

目前，长城汽车旗下的产品主要有长城 C50（见图 4-47）、长城 C30、长城 V80、长城 M2、长城 M4、哈弗 H5（见图 4-48）、哈弗 H6 等。

图 4-47　长城 C50

图 4-48　长城哈弗 H5

6. 安徽江淮汽车股份有限公司

安徽江淮汽车股份有限公司(以下简称“江淮汽车”),是一家集商用车、乘用车及动力总成研发、制造、销售和服务于一体的综合型汽车厂商。公司前身是创建于 1964 年的合肥江淮汽车制造厂。江淮具有年产 63 万辆整车、50 万台发动机及相关核心零部件的生产能力。2012 年,公司销售各类汽车近 45 万辆,实现了连续 22 年以平均增长速度达 40%的超快发展。

目前,江淮汽车主导产品有 6～12 m 客车底盘,0. 5～50 t 重、中、轻、微卡车,星锐多功能商用车,6～12 座瑞风商务车(见图 4-49),瑞鹰越野车,C 级宾悦(见图 4-50)、B 级和悦、和悦 RS、A 级同悦、同悦 RS、A0 级悦悦轿车。

图 4-49　瑞风商务车

图 4-50　C 级宾悦

7. 江西昌河汽车有限责任公司

江西昌河汽车有限责任公司(以下简称“昌河汽车公司”),拥有景德镇、九江、合肥三个整车工厂和九江发动机工厂,具备年产 30 万辆整车和 15 万台汽车发动机的生产能力。

昌河汽车公司主要产品品种有派喜、北斗星(见图 4-51)、北斗星 X5、北斗星 e+、浪迪 S-MPV、利亚纳两厢/三厢经济型轿车、福瑞达微型客车(见图 4-52)、福瑞达微型单/双排货车、爱迪尔、爱迪尔Ⅱ、爱迪尔 A+、K14B 和 K12B 系列发动机等产品。昌河汽车公司的产品覆盖微型客(货)车、经济型轿车、小型商务车和发动机等领域。

图 4-51　昌河北斗星

图 4-52　昌河福瑞达微型客车

CHAPTER 5

第五章

汽车与社会

汽车作为一种凝结着人类多项智慧的交通工具，对推动社会生产力的发展和生产关系的变革，都具有十分重要的意义；同时，汽车作为一种最活跃、最革命的动力因素，不但改变着世界，而且也发展着自己。汽车从其诞生之日起，就像原子裂变一样，以近乎疯狂的速度增长着。1903 年，世界汽车总量还只有 61 927 辆，而现在，全世界的汽车保有量已经高达 10 亿辆以上。显然，汽车正以它不可抗拒的魅力改变着世界，创造着人类的物质文明和精神文明。

一、汽车发展与社会

1. 汽车对社会生活的直接影响

随着世界经济的发展，生活节奏的加快，人们不再满足于原来那种只有自行车、摩托车的现状了，更多的人向往有汽车的生活。一般来说，汽车对人们社会生活的影响，可以分为直接影响和间接影响两个方面。汽车对社会生活的影响是通过它对人类自身的影响表现出来的。

1)汽车提高了人类的活动能力

就人类的本能而言，人确实是非常懦弱的一族。但是，人类利用自己的工具，却可以“延长”四肢，提高能力，从而产生令动物们望尘莫及的力量。仅就汽车而言，卡尔·本茨发明的第一辆汽车，就载乘了他的妻子贝塔和两个孩子，这显然是一般的马匹所难以承受的；而与本茨齐名的戈特里普·戴姆勒，他所发明的第一辆汽车，其空间位移就达到了 18 km/h 的速度。汽车通过提高人类活动的能力而大大加快了人类社会的发展速度。而现在，汽车的载重和速度都已经相当惊人。法国尼克拉斯实业公司生产的一种大货车，车长 57 m，装有 96 个车轮，全部轮轴都备有油压转向和悬挂系统，可屈可伸、可减可增，最高可以装载 40.388 t 的货物。

2)汽车改变了人类的生活

汽车的载重和速度使人类如虎添翼，大大提高了人类改造自然的能力，使之成为自然界中最能负重的“动物”，从而大大拓展了人类的生存空间。由于汽车的出现，“鸡犬之声相闻，老死不相往来”的封闭社会已经不复存在，而普天之下归于一村的时代已经到来。这种因汽车而不是因飞机形成的“地球村”现象，不但促进了全球信息的沟通，而且促进了全人类的感情交流、信息共享、纷争化解，人类将因汽车而更加迅速地进入物质和精神都高度文明的时代。因此，有人说：“关注汽车，就是关注人类的未来。”

同时，由于人类社会生活的日益集中化，在许多发达国家，汽车已经成为人们片刻不可离开的代步工具。在被人们戏称为“汽车上的游牧民族”的美国，约有 87%的从业人员是自己开车上下班的。在城镇，市民的日常位移，如上班、上学、购物、娱乐、探亲、看病等，有 82%以上都是由自己驾车完成的。因此，高速公路、汽车旅馆、汽车餐厅、汽车商店、汽车电影院、加油站、洗车店等已成为人们生活中不可或缺的一部分。有人说，电话、汽车、计算机已成为美国社会和人民生活的三大支柱。

有了车之后，生活质量和方式明显改变，你可以开着车上下班，可以出去兜风、旅游，可以同家人、朋友到郊外野餐，在景色优美的大海之滨，或是风光瑰丽的山峰之顶，看蓝天白云，会使人心旷神怡，这是在家中以至于在五星级宾馆所无法得到的享受。汽车改变了人们的思维方式。比如，你如果问别人从这里到那里有多远，他们一般回答你开车需要多少时间，而不是有多少公里。在汽车社会，人们已习惯用汽车行驶的时间来衡量距离的远近。

汽车不仅带来生活、思维的改变，甚至带动整个社会的巨大改变。

3)汽车驱动了汽车消费

由于汽车具有促进物移和人流的巨大功能，汽车消费也日益成为一种消费时尚。在西方发达国家，汽车与名胜甚至成了一个国家的象征。在美国，当汽车日益普及并进入普通百姓家庭之后，汽车的消费需求不但没有停止，反而具有越来越强劲的势头。一辆汽车已经不能满足家庭成员的不同需要，拥有两辆、三辆甚至四辆汽车者大有人在。如果说，在 20 世纪二三十年代，汽车是一个人地位和威望的象征，那么现在，汽车则是一种消费时尚，通过从众、攀比等社会助长作用和社会规范倾向，已越来越向极端化的方向发展。

2. 汽车对社会生活的间接影响

汽车对社会生活的间接影响是通过它对广阔社会的影响而表现出来的。

1)汽车是国民经济的命脉

在世界经济发展史上，大多数国家的经济结构，都与其所拥有的自然条件紧密相关。但是，自然条件也具有两重性。丰富的自然资源可以促进某种产业的发展；同时，丰富的自然资源也可限制其他产业的发展。因此，企业经营的战略家们在选择发展方向的时候，最先考虑的往往并不是自然资源的优劣，而是产业领域发展的前景。由于汽车产业所具有的高引发性，可以对国民经济产生巨大的拉动作用，已经被许多国家，特别是自然资源贫乏的国家视为国家的支柱产业。

例如，日本 2012 年国内汽车生产量为 994 万辆，但是出口却有 480 万辆，几乎达到了 50%。对于许多国家而言，汽车出口已经是关系到其兴衰成败、生死存亡的大事。

2)汽车是拉动经济的杠杆

汽车工业是一种综合性产业。汽车产业与其他产业之间，不但存在着很强的关联性，而且汽车产业的生存和发展，还会对其他产业起着极大的带动作用。可以说，汽车是集钢铁、石油、化工、电子及纺织、建材等众多工业产品于一身的“第一产品”。抓住汽车产业这个龙头，显然可以带动一大批产业部类的发展。有关的统计资料表明，汽车可以涉及100多个工业部门，对工业的影响率高达20%。就美国而言，其汽车产业就消化了本国钢材总产量的10%，铝材的20%，玻璃和半导体元件的25%和橡胶的40%。

因此，早在1929年，美国胡佛调查委员会在《美国近年来的经济变化》的报告中就指出："在推广使用汽车的同时，其他物品的购买力也在显著增长"，"在汽车和电气工业的带动下，大规模生产技术广为传播，在消费者的购买力从老产品转移到新产品和耐用品方面起了深远的影响。"《美国扩张与发展史话》一书也持有相似的观点。该书作者在分析美国成为世界经济强国的原因时也指出："在'战后'的年代里，美国的汽车工业取得极大声誉——这件事对美国社会的影响大概比历史上任何一件事都来得深刻，它的冲击力超过整个经济生活中任何其他因素。20世纪20年代的汽车把美国领上第一次真正的消费高潮的道路。"

近来，有人提出了"售后市场"的理论，认为任何一种行业的发展都可以带动其他行业的发展。就汽车而言，其售后市场主要可分为轻型汽车售后市场、重型汽车售后市场、汽车油漆和车身装备市场、汽车工具和汽车设备市场，以及汽车美容市场等。汽车工业的发展，也相应地带动了上述这些售后市场的发展。

3）汽车是国家税收的重要来源

汽车工业既然是许多国家的支柱产业，当然也是这些国家重要的甚至主要的利税来源。1993年，中国的汽车工业也被确定为支撑国民经济的四大支柱产业之一。以此为开端，我国的汽车工业得到较为迅速的发展，而且汽车工业所提供的利税也在逐年增加。

4）汽车是保障就业的重要渠道

汽车工业的发展，既需要其专业化，也需要其社会化。因此，与汽车的生产和经营相关的人员无疑组成了一个非常庞大的队伍。这些人员有些是直接相关，如从事汽车生产、销售、管理、供应、配套、科研等方面的人员；有些是间接相关，如从事原料、能源、资金、技术、交通、保险、养护、出版等方面的人员。

综上所述，汽车的积极意义有目共睹。但与此同时，汽车的消极作用也显而易见。自然和社会的发展史告诉人们，任何发明和创造都是一种"对立于人的力量"，它们在向人类提供福利的同时，也在对人类的生存造成伤害。据有关专家测算，社会上每增加一辆轿车，就需要占用道路和停车面积20 m^2；而当轿车拥有量超过20%时，必然会引起交通恶化。

二、汽车与环境保护

汽车是人类社会发展的一个重要产物，它给人们的现代社会生活带来了极大的好处，但与此同时也带来了一系列的环境问题。这是人们在今后的发展过程中必须解决的一个问题，这关乎汽车的发展和我们的未来。

1. 汽车排放污染

汽车发动机的排气污染（见图5-1）是城市大气污染的主要原因之一，因此，控制发动机排放污染物已成为当前治理城市大气污染的主要研究方向。

汽车发动机排放的物质种类主要是一氧化碳、碳氢化物、氮氧化合物和微粒，这些气体是对人体有危害的。其中一氧化碳会使人体血液输氧能力降低、神经中枢受损，严重时危及生命。碳氢化物会刺激人的鼻、眼和呼吸道黏膜，引发呼吸道疾病。氮氧化合物会刺激人眼黏膜，对神经中枢有抑制作用，使呼吸系统失调，引发疾病。微粒是气固态的物质颗粒，因表面吸附多种有毒、致病、致癌或致命物质而具有危害。

同时，汽车排放的尾气扩散到空气中，对环境造成巨大的破坏，如温室效应、光化学烟雾、酸雨、臭氧层的破坏等。

图 5-1 汽车发动机的排气污染

1)温室效应

二氧化碳气体具有吸热和隔热的功能，当其浓度达到一定值时，它会使太阳辐射到地球上的热量难以向外层空间发散，其结果就形成了温室效应(见图 5-2)，致使地球表面变热。

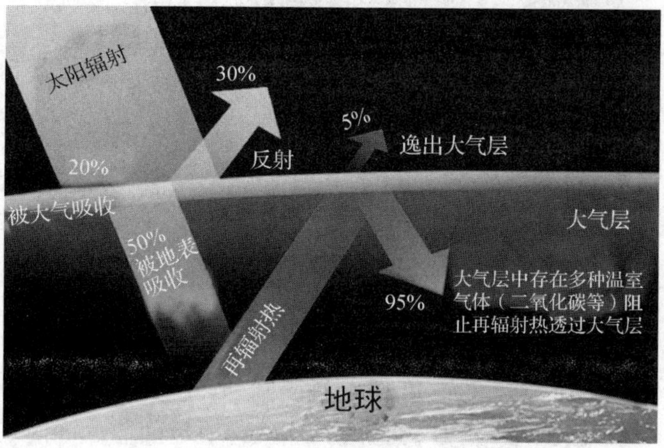

图 5-2 温室效应示意图

目前，汽车广泛采用石油产品作燃料，会产生大量的二氧化碳气体。随着汽车保有量的大幅度增加，空气中排放的二氧化碳也在不断增加。如果大气中 CO_2 的浓度增加一倍，温室效应将造成地球气温上升 1.5 ℃～4.5 ℃，飓风的能量将增加 5%。地球温度的升高还将导致两极冰川的融化(见图 5-3)及海水的膨胀，海平面随之升高，许多地区将会被淹没；同时，全球气候会更加反常，土地干旱，沙漠化土地(见图 5-4)面积增大，地球生态环境将遭到严重破坏。这都将威胁人类的生存环境。20 世纪 60 年代末，由于温室效应的影响，非洲下撒哈拉牧区曾发生持续 6 年的干旱，由于缺少粮食和牧草，牲畜被宰杀，饥饿致死者超过 150 万人。

图 5-3　北极冰川融化下的北极熊

图 5-4　沙漠化土地

温室效应和全球气候变暖已经引起了世界各国的普遍关注，改善汽车排放，减少二氧化碳的排放已经成为大势所趋。

2）光化学烟雾

大气中的碳氢化物和氮氧化物等一次污染物，在阳光的作用下发生化学反应，生成臭氧、醛、酮、酸、过氧乙酰硝酸酯等二次污染物，参与光化学反应过程的一次污染物和二次污染物的混合物所形成的烟雾污染现象叫做光化学烟雾（见图 5-5）。

图 5-5　光化学烟雾

光化学烟雾对人体健康有较大危害，除刺激眼睛外，还会引发气喘、鼻炎、肺炎、头痛、恶心等，严重者还会出现呼吸困难、视力衰退、头晕目眩、手足抽搐。同时，光化学烟雾对动物的健康及植物的生长产生损害，使生态受到破坏；其所含的化学物质会加速橡胶制品的老化和龟裂，腐蚀建筑物和衣物，影响材料的质量；它还会明显地降低大气的能见度，妨碍汽车与飞机等交通工具的安全行驶，导致交通事故增多。

20 世纪 40 年代之后，随着全球工业和汽车业的迅猛发展，光化学烟雾污染在世界各地不断出现，如洛杉矶、墨西哥城、东京、大阪、伦敦、巴黎及中国的北京、南宁、兰州均发生过光化学烟雾现象。

鉴于光化学烟雾的频繁发生及其造成巨大危害，如何控制汽车排放已经成为减少光化学烟雾的途径之一。

3)酸雨

酸雨是指pH值小于5.65的酸性降水。酸雨主要是人为地向大气中排放大量酸性物质,雨水被大气中存在的酸性气体污染造成的。其中,汽车排放的尾气是形成酸雨的重要原因。酸雨危害巨大,它会诱发各种呼吸道疾病、破坏生态环境(见图5-6)、腐蚀建筑材料,因此被人成为“空中死神”。

图5-6 酸雨造成的环境危害

我国的酸雨主要是因大量燃烧含硫量高的煤而形成的。但近年来,我国各种汽车数量猛增,汽车尾气对酸雨的“贡献”正在逐年上升,因此,汽车的节能减排对控制酸雨意义重大。

4)减少汽车排放污染的措施

(1)政府部门加强管理,减少汽车排放污染。

为了解决汽车带来的废气污染问题,各国相继对汽车排放的有害物质提出了严格的排放标准。自1992年欧盟出台“欧Ⅰ”排放标准以来,汽车排放的标准不断提高,现在欧盟提出了更为苛刻的“欧V”标准。

我国参照联合国欧洲经济委员会(ECE)的排放标准,制定出符合中国国情的排放标准。在2007年7月1日起,全国开始实施相当于“欧Ⅲ”和“欧Ⅳ”标准的“国Ⅲ”和“国Ⅳ”标准,大大降低了单台汽车的排放污染。除了制定严格的排放标准,我国还利用税收政策鼓励提前达到国家标准的生产企业,对于不符合要求的车辆停止销售和注册,以引导汽车企业积极进行技术改进。

此外,政府部门严格执行国家质量技术标准,控制燃油标准,淘汰劣质燃油;加强交通管理,解决拥堵问题,减少燃油的浪费和排放物的增加;改善交通设施,鼓励大力发展公交、地铁、城市轻轨等交通工具,以减少汽车使用量。

(2)汽车制造企业加强汽车减排技术的研究。

为了适应排放标准的变化及汽车节能环保的趋势,汽车制造企业应加强减排技术的研究。

①提高燃油品质。研究开发新的代用燃油,提高燃油品质。对于汽油来说,主要是实现汽油无铅化(见图5-7)和降低含硫量,目前我国无铅汽油的生产量已经占汽油总产量的90%。汽油发动机使用尾气净化装置的必要条件之一就是汽车必须使用无铅汽油。开发代用燃料是目前解决汽车尾气污染的重要措施。开发的代用燃料主要有压缩天然气、氢气、液

化石油气、甲醇、乙醇等,也成为清洁燃料。这些清洁燃料可以减少30%~90%的有害物质排放量。

图 5-7　无铅汽油

②改善现有发动机的减排技术。鉴于目前的技术状况,在相当长的时间内,石油都将是主要的汽车燃料,改善现有发动机减排技术将是汽车实现环保的重要途径。如汽油机缸内直喷技术(FSI)改善混合气的形成,让气体充分燃烧,减少废气排放;还可以在排气管内装三元催化转换器和吸附还原催化器,来减少发动机排出的有害物。

③研究开发新的动力装置。研究开发新的动力装置包括两个方面:一是发展电动汽车(见图 5-8),二是发展混合动力汽车。从国内外车展的来看,电动汽车、燃料电池汽车等新能源汽车已经成为世界汽车工业的潮流。

图 5-8　电动汽车

④汽车轻量化和减少空气阻力。使用比钢铁更轻的高强度材料,减少车身及零件结构上的不合理所产生的材料浪费,采用空心结构等都可以实现车的轻量化;而采用流线型的车身可以减少汽车行驶的空气阻力。实现汽车轻量化,减少空气阻力都可以降低燃料的燃烧,减少排放。

⑤汽车零部件采用可回收原材料。汽车报废过程中会形成固体垃圾,污染环境。在汽

车设计制造过程中采用可回收材料，完善回收利用的技术工艺可以有效地解决这个问题。汽车上的钢铁、有色材料零部件90%以上可以回收利用，经过处理后，这些零部件仍有很高的利用价值。目前，德国汽车的回收率已经接近100%，美国、法国等国家的报废汽车利用率也已经达到了95%。

(3)汽车使用者应强化环保意识。

①购买节能环保的汽车。现阶段，各大汽车公司都推出了节能环保的汽车。在购买新车的时候，在经济条件允许及满足自身需求的情况下，尽可能地选择节能环保的汽车，可以有效减少汽车排放。

②掌握环保的驾车技术。在车辆技术状况相同的条件下，驾驶技术高低对油料的节约影响很大，正确合理的驾驶操作方法可以大大降低汽车的燃料消耗。不同技术水平的驾驶人，在相同条件下，驾驶相同汽车，油耗可相差20%～40%，排放的废气也会发生变化。在汽车驾驶过程中，提高启动质量，尽可能地减少加速和制动的次数，避免无谓的怠速，适当地滑行，合理地选择路线都可以降低汽车的排放量。

③加强汽车的保养。汽车油耗增高的原因很多，车上的点火系统、燃烧系统、排放系统、润滑系统、底盘系统等各个方面如果运行不好，都可能导致油耗增加。适时的检查和保养，不仅可以使油耗降低，还可以改善废气的排放。

④减少汽车的使用量。树立良好的用车观念，在出行时适当考虑更为环保的自行车、公交车、地铁、轻轨等交通工具，如图5-9所示，将有效减少汽车尾气的排放量。

(a)公交车

(b)地铁

图5-9　公共交通

2. 汽车噪声污染

噪声是发生体做无规则运动时发出的声音，当噪声对人及周围环境造成不良影响时，就形成噪声污染，通常所说的噪声污染是人为造成的。噪声污染与水污染、大气污染、固体废弃物污染被看成是世界范围内四个主要环境问题。

噪声包括交通噪声、工业噪声和生活噪声。随着汽车保有量的增加，汽车噪声污染已经成为现代城市噪声污染的主要来源。

1)汽车噪声的来源

汽车是一个高速运动的复杂组合式噪声源。汽车发动机和传动系工作时产生的振动、高速行驶中汽车轮胎在地面上的滚动、车身与空气的作用，是产生汽车噪声的根本原因。根据汽车噪声对环境的影响，可将汽车噪声分为车外噪声和车内噪声。车外噪声对环境影响最大。

车外噪声是指汽车各部分噪声辐射到车外空间的那部分噪声，主要包括发动机噪声、排气噪声、轮胎噪声、气动噪声和传动系噪声等。

(1)发动机噪声。

发动机噪声是汽车噪声的主要来源，如图 5-10 所示，除发动机机体发出的机械声外，还包括进气系统噪声，即高速气体经空气滤清器、进气管、气门进入气缸，在流动过程中，会产生一种很强的气动噪声。发动机噪声主要由挡火墙和驾驶室的前底板部位传入驾驶室。

图 5-10　发动机噪声

(2)排气系统噪声。

排气系统噪声是发动机噪声的一部分，如图 5-11 所示，主要包括消声器支撑架及排气管道振动辐射出的噪声，发动机振动及排气动作引起的辐射噪声，还包括由排气口出来的排气噪声。

图 5-11　排气系统噪声

(3)轮胎噪声。

轮胎噪声是由轮胎与路面摩擦所引起的，如图 5-12 所示，是构成底盘噪声的主要因素。一般的轮胎噪声主要由三部分组成：一是轮胎花纹间隙的空气流动和轮胎四周空气扰动构成的空气噪声；二是胎体和花纹部分振动引起的轮胎振动噪声；三是路面不平造成的路面噪声。

图片
轮胎的内部结构

图 5-12　轮胎噪声

(4)气动噪声。

行驶中的汽车由于其周围的风而产生的噪声称为气动噪声,如图 5-13 所示,一共分为三种类型:一是风噪,就是由车身周围气流分离导致压力变化而产生的噪声;二是风漏,或叫吸出音,是由驾驶室及车身缝隙吸气而与车身周围气流相互作用而产生的噪声;三是其他噪声,包括空腔共鸣、风扇噪声、导管管道噪声,以及天线、刮水器、后视镜及扰流器等附件振动引起的噪声。

图 5-13　气动噪声

(5)传动系噪声。

在传动系中,噪声源主要包括变速器、分动器、传动轴、差速器和减速器等,如图 5-14 所示,传动系噪声是由发动机传来的振动引起离合器盖、变速器盖等辐射出的噪声及齿轮啮合激振引起壳体辐射发出的噪声。

图 5-14　传动系噪声

2)噪声的危害

噪声污染对人、动物、仪器仪表及建筑物均构成危害,其危害程度主要取决于噪声的频率、强度及暴露时间。

(1)损伤听觉。

噪声对人体最直接的危害是听力损伤。如果人们长期在强噪声环境下工作,会引起耳朵不适,如耳鸣、耳痛、听力下降甚至耳聋。研究表明,噪声污染是引起老年性耳聋的一个重要原因。

(2)诱发多种疾病。

噪声通过听觉器官作用于大脑中枢神经系统,以致影响到全身各个器官,故噪声除对人的听力造成损伤外,还会给人体其他系统带来危害。由于噪声的作用,会产生头痛、脑胀、耳鸣、失眠、全身疲乏无力及记忆力减退等神经衰弱症状。长期在高噪声环境下工作的人与低噪声环境下的情况相比,高血压、动脉硬化和冠心病的发病率要高2~3倍。噪声也可导致消化系统功能紊乱,引起消化不良、食欲不振、恶心呕吐,使肠胃病和溃疡病发病率升高。此外,噪声对视觉器官、内分泌机能及胎儿的正常发育等方面也会产生一定影响。

(3)影响正常生活和工作。

噪声对人的睡眠影响极大,人即使在睡眠中,听觉也要承受噪声的刺激。噪声会导致多梦、易惊醒、睡眠质量下降等,严重影响人的正常生活。噪声会干扰人的谈话、工作和学习。噪声会分散人的注意力,导致反应迟钝,容易疲劳,工作效率下降,差错率上升。

(4)影响动物生存环境。

噪声能对动物的听觉器官、视觉器官、内脏器官及中枢神经系统造成病理性变化。噪声对动物的行为有一定的影响,可使动物失去行为控制能力,出现烦躁不安、失去常态等现象,强噪声会引起动物死亡。鸟类在噪声中会出现羽毛脱落、产卵率降低等。

3)汽车噪声的控制

汽车噪声的控制除了加强公民的公德意识以外,更重要的是在法律和技术层面进行创新和完善。汽车噪声的控制主要有以下几个方面。

(1)改进汽车降噪技术。

在汽车技术中降低噪声的方法有两个:一是对发动机、轮胎、车身和排气消声器等部件进行技术改进,使其达到降低汽车噪声的目的;二是对现有的汽车进行专业的吸音、隔音处理。如图5-15所示为降噪轮胎和汽车隔音棉。

(a)汽车隔音棉

(b)降噪轮胎

图5-15 汽车隔音棉和降噪轮胎

(2)加强噪声法规建设。

国外工业发达国家自20世纪60年代起对机动车噪声给予了足够重视，制定了许多法规和标准来控制。1964年国际标准化组织(ISO)制定了汽车噪声测定标准《声学道路车辆加速噪声测量工程测量法》(ISO R—362—1964，现改ISO 362—1981)。这显著促进了汽车降噪技术和测量分析技术不断的深入研究和应用，减轻了其影响和危害。

我国汽车噪声控制工作从1979年开始，发布了两项国家标准《机动车辆允许噪声》(GB 1495—1979)和《机动车辆噪声测量方法》(GB 1496—1979)。《机动车辆允许噪声》分两个阶段规定了各类车辆加速噪声限值。从此，主管部门对新车型的鉴定考虑到了噪声的要求，制造厂也开始重视降噪工作。从1990年起，加速噪声指标变为决定新型车能否通过鉴定的关键指标之一。这项规定推动了汽车降噪工作，使汽车噪声有了较大的下降，合格率逐年提高。2002年，国家对汽车噪声标准进行了修订，噪声指标相对《机动车辆允许噪声》下降了3～4 dB，要求进一步提高。

(3)采用道路降噪技术。

①降噪路面。经研究发现，由于交通状况、车辆类型及驾驶风格不同，约90%的道路交通噪声由轮胎与道路碰撞而产生，设计降噪路面意义重大。目前的降噪路面(见图5-16)是在普通的沥青路面或水泥混凝土路面结构上铺筑一层具有很高空隙的沥青混合料，其孔隙能降低空气挤压而导致的“嘶嘶”声和削弱路面的声反射，可降低3～8 dB的交通噪声。

图5-16 降噪路面

②声屏障技术。采用构筑声屏障(见图5-17)的方式来降低公路交通噪声是目前应用比较广泛的一种降噪方式。声屏障主要是通过声屏障材料对声波进行吸收、反射等一系列物理反应来降低噪声，在屏障的后面形成一个声影区，从而使噪声降低。据测试，采用声屏障降噪效果可达10 dB以上。

图5-17 声屏障

③种植降噪绿化林带。树木及绿化植物(见图 5-18)形成的绿化带能有效降低噪声。选择合适树种、植株的密度、种植的宽度可以达到吸纳声波,降低噪声的作用。当绿化林带宽度大于 10 m 时,可降低交通噪声 4～5 dB。

图 5-18　降噪绿化林带

三、汽车与交通安全

汽车从诞生之日起,就一直伴随着交通安全问题。当人类社会充分享受汽车带来的诸多好处时,也为此付出了沉重的生命及财产代价。随着社会的发展,交通安全问题越来越凸显,汽车安全技术越来越受到汽车生产企业的重视,传统的汽车安全理念也在逐渐发生变化。

汽车安全技术分为主动安全、被动安全两种。

1. 被动安全技术

1)安全带

安全带(见图 5-19)是 20 世纪 50 年代开始作为选装件装备在汽车上的,但直到现在,它仍然是最基本的驾乘人员头颈保护系统,一般设置于前排座椅。当轿车受到后部的撞击时,头颈保护系统会迅速充气膨胀起来,其整个靠背都会随驾乘人员一起后倾,使其整个背部和靠背安稳地贴近在一起,靠背则会后倾以最大限度地降低头部向前甩的力量,座椅的椅背和头枕会向后水平移动,使身体的上部和头部得到轻柔、均衡地支撑与保护,以减轻脊椎及颈部所承受的冲击力,并防止头部向后甩所带来的伤害。

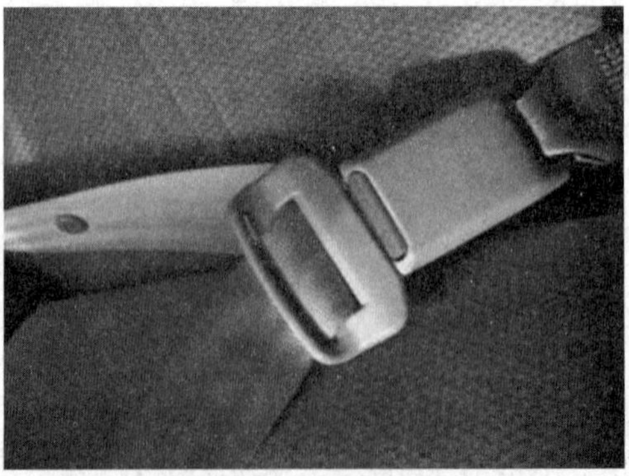

图 5-19　汽车安全带

2）安全气囊

安全带是最基本的驾乘人员保护装置，而安全气囊（见图 5-20）则是可提高对驾乘人员保护效果的安全带辅助安全装置，它可以大大降低中等乃至眼中正面碰撞时驾乘人员受伤的风险。

图 5-20 安全气囊

安全气囊的结构主要有传感器、气体发生器、气囊系统三大部分组成。传感器检测汽车发生碰撞时的车速、冲击参数；气体发生器根据传感器指令释放高压气体，或引爆固体燃料，瞬间产生高压氮气或氩气，并迅速向气囊充气，使气囊膨胀，从而达到保护驾乘人员的目的。

3）安全车身

安全车身（见图 5-21）是指为了减轻汽车碰撞时驾乘人员的伤亡，采用了溃缩区和乘员保护区相配合的基本思路，在设计车身时着重加固乘客舱部分，削弱汽车头部和尾部。位于车前后的是可溃缩车体，当汽车发生碰撞时，头部或尾部被压扁变形，同时吸收碰撞能量，而客舱不发生变形，以便保护驾乘人员安全，有利于其逃逸或被救，同时还能缓和二次撞击。

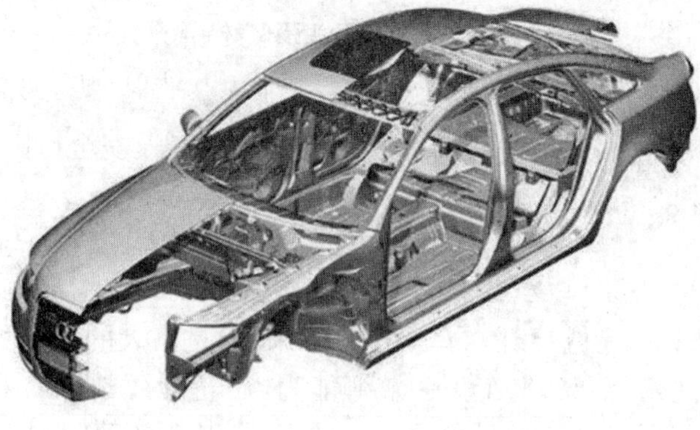

图 5-21 安全车身

4）儿童安全

儿童安全一直是汽车安全设计所要考虑的重要方面。根据儿童的身体比例，设计儿童的专用安全带和儿童安全座椅（见图 5-22），可以使他们持久、直接地绑缚在车辆座椅结构上，使儿童的安全得到应有的保障。事故统计数字标明，当儿童坐在位于后排的儿童安全座椅上时，他们能够得到最好的保护。

图 5-22 儿童安全座椅

5)驾乘人员头颈保护系统

驾乘人员头颈保护系统(见图 5-23)一般设置于前排座椅,当轿车收到后部的撞击时,头颈保护系统会迅速充气膨胀起来,座椅的整个靠背都会随驾乘人员一起后倾,使驾乘人员的整个背部和座椅靠背贴近在一起,最大限度地降低头部向前甩的力量,使身体的上部和头部得到轻柔、均衡地支撑和保护,以减轻脊椎及颈部所承受的冲击力,并防止头部向后甩所带来的伤害。

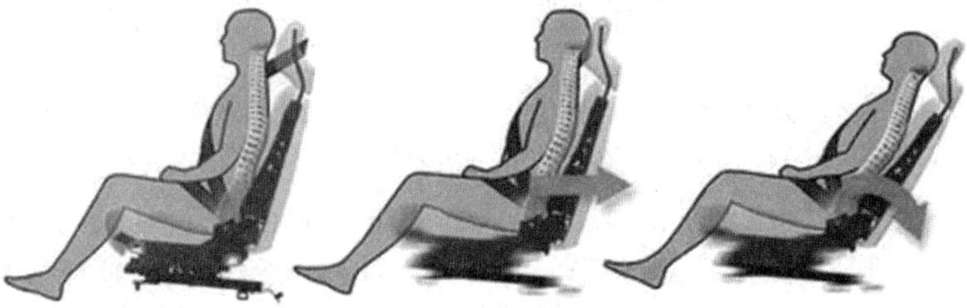

图 5-23 驾乘人员头颈保护系统

6)行人保护

汽车安全不仅针对车内驾乘人员而言,同时也要保护行人安全。因此,车辆防撞技术也开始将保护行人安全列为重点发展目标。

2. 主动安全技术

1)防抱死制动系统(ABS)与牵引力控制系统(TCS)

在遇到紧急制动时,经常需要让汽车快速停下来,但是巨大的制动力容易使车轮发生抱死的状况——如前轮抱死会引起汽车失去转弯能力,后轮抱死则容易发生甩尾事故等。安装防抱死制动系统就是为解决制动时车轮抱死的问题,从而提高制动时汽车的稳定性及较差路面条件下的汽车制动性能。

ABS 通过传感器侦测各车轮的转速,由计算机计算出当时的车轮滑移率,判断车轮是否将要抱死,再命令执行机构调整制动压力,使车轮处于理想的制动状态(快抱死但未完全抱死)。对 ABS 功能的正确认识包括:能在紧急制动状况下,保持车辆不被抱死而失控,维持转向能力,避开障碍物。在一般状况下,它并不能缩短制动距离。防抱死制动系统如图 5-24 所示。

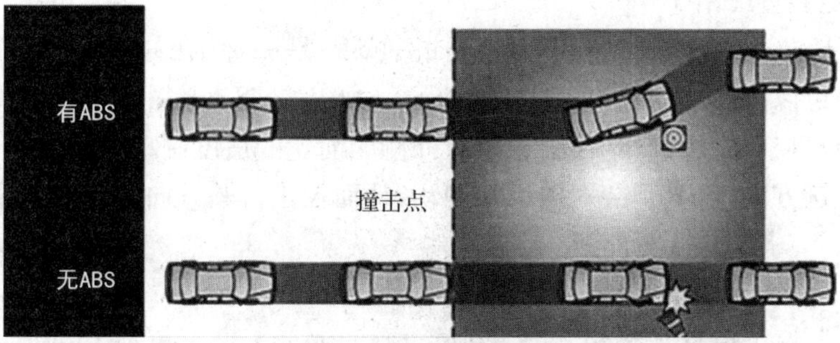

图 5-24　防抱死制动系统(ABS)

TCS 又称循迹控制系统(见图 5-25)。汽车在起步或急加速时,驱动轮有可能打滑,在冰雪等光滑路面上还会使方向失控而造成危险。TCS 依靠电子传感器探测车轮驱动情况,不断调节动力的输出,从而使车轮不再打滑,提高加速性与爬坡能力。

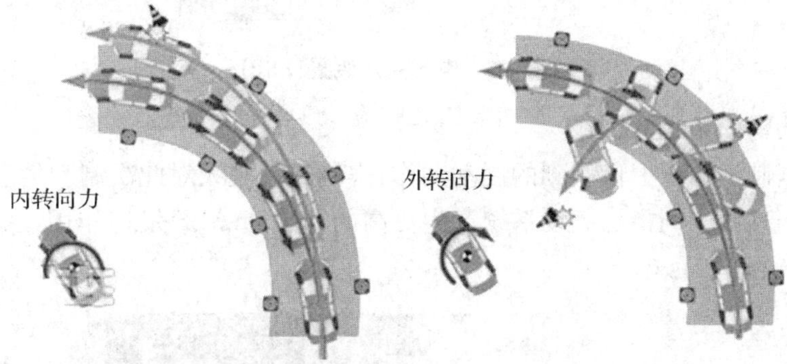

(a)前轮防滑控制　　(b)后轮防滑控制

图 5-25　牵引力控制系统(TCS)

2)电子制动力分配系统(EBD)

电子制动力分配系统(见图 5-26)必须配合 ABS 使用,在汽车制动的瞬间,分别对四个轮胎附着的不同地面进行感应、计算,得出摩擦力数值,根据各轮摩擦力数值的不同分配相应的制动力,避免因各轮制动力不同而导致的打滑、倾斜和侧翻等危险。

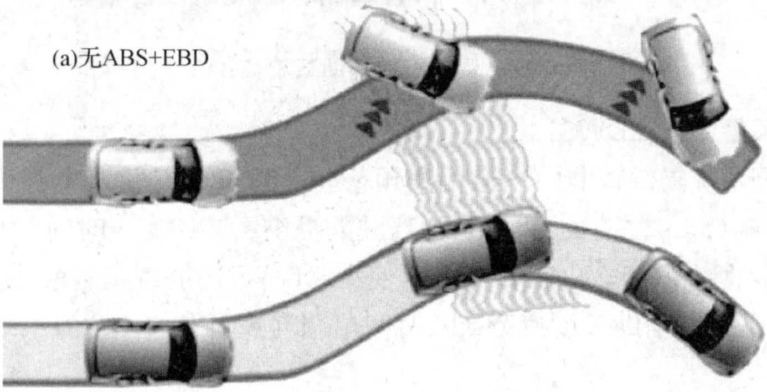

(a)无ABS+EBD

(b)有ABS+EBD

图 5-26　电子制动力分配系统(EBD)

3)电子稳定装置(ESP)

电子稳定装置(electronic stablity program,ESP)是一种牵引力控制系统,不但可以控制驱动轮,而且可以控制从动轮,如图 5-27 所示。如后轮驱动汽车常出现的转向过度的情况,此时后轮会失控而甩尾,ESP 便会通过对外侧的前轮的适度制动来稳定车辆。转向不足时,为了校正循迹方向,ESP 则会对内后轮制动,从而校正行驶方向。

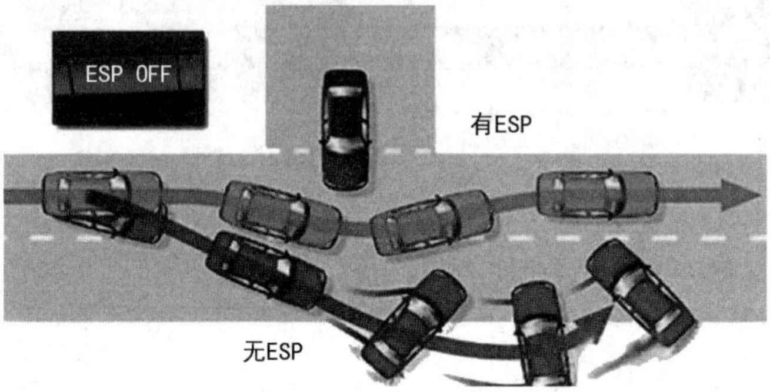

图 5-27　电子稳定装置(ESP)

4)紧急制动辅助系统(EBA)

计算机根据制动踏板上侦测到的制动动作,来判断驾驶人对此次制动的意图,如图 5-28 所示,如属于紧急制动,则指示制动系统产生更高的油压使 ABS 发挥作用,从而使制动力更快速地产生,缩短制动距离。

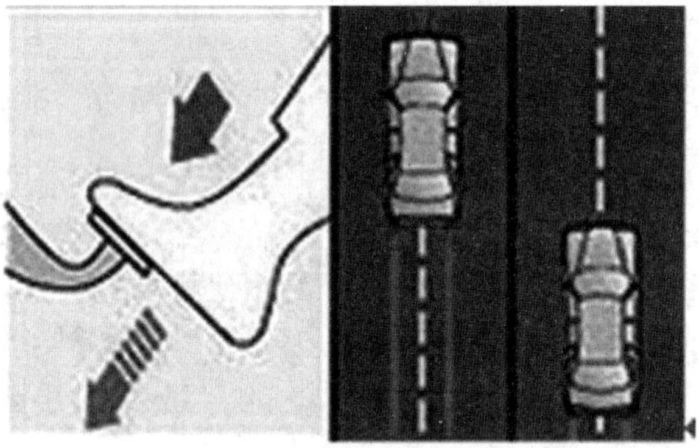

图 5-28　紧急制动辅助系统(EBA)

5)车道偏离预警系统(LDWS)

车道偏离预警系统提供智能的车道偏离预警,在无意识(驾驶人未打转向灯)偏离原车道时,能在偏离车道 0.5 s 之前发出警报,为驾驶人提供更多的反应时间,大大减少了因车道偏离引发的碰撞事故,如图 5-29 所示。此外,使用 LDWS 还能纠正驾驶人不打转向灯的习惯,该系统其主要功能是辅助过度疲劳或长时间单调驾驶引发的注意力不集中等情况。

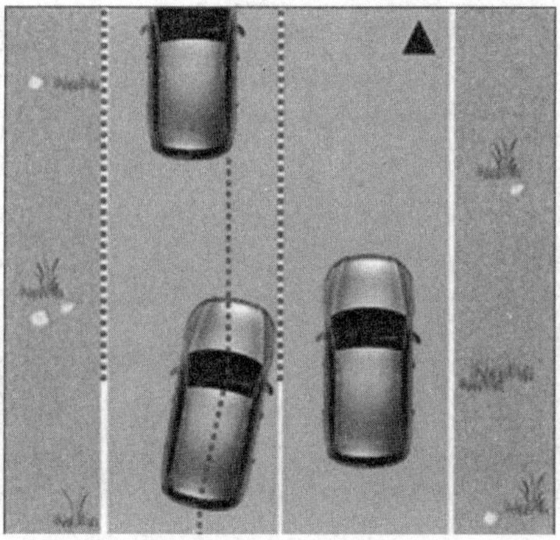

图 5-29　车道偏离预警系统(LDWS)

6)胎压监控

美国国家公路交通安全管理局已经做出要求，截止到 2003 年，质量小于或等于 4 536 kg 的所有美国乘用车辆都必须配备胎压监控系统(见图 5-30)。宝马公司已经把该系统用在全系轿车中。驾驶人可以通过车内提示警告系统来判断轮胎胎压情况是否正常，首先避免了因轮胎亏气出现的行车跑偏，其次在高速行驶时也对驾乘人员的安全提供了一种保障。

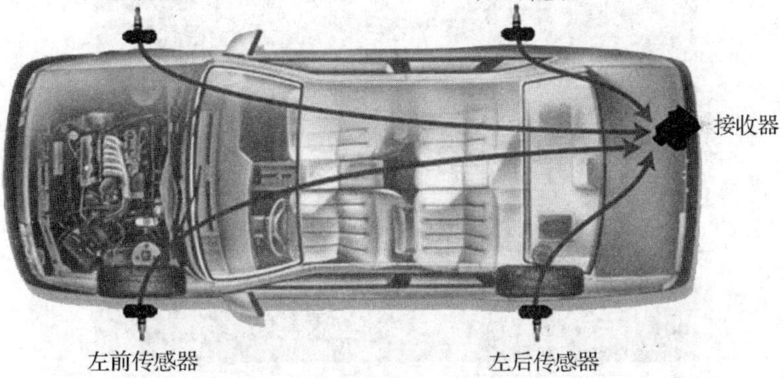

图 5-30　胎压监控系统

7)倒车警告/倒车影像/车外摄像头

倒车警告这项技术用于在驾驶期间及驻车时，针对视野盲区中的轿车或物体向驾驶人发出警告。通常，该系统会在行车时已经进行响应；它可能会使后视镜内的一个警告标示进行闪烁，同时会发出声音警告，如图 5-31 所示。该系统是一个短程检测系统。倒车影像和后视摄像机是一体的，不仅保护车体，还能够避免在倒车时意外伤及儿童和动物。倒车时的保护措施已经从向下倾斜后视镜或发出声音警告到实时查看。新一代技术包括一个摄像机，它可以与导航系统协同工作，对汽车后方的一切进行广角拍摄，然后反映在车内屏幕上，从而帮助驾驶人倒车或挂接拖车。

图 5-31　倒车警告装置

8)自动感应大灯

自动感应大灯随车辆周边环境光线影响,系统会自动识别判断。雨雾天气光线不够,大灯会自动亮起给驾驶人提供更安全的行车环境。后期厂家又延伸到自适应大灯系统,这种更高级的系统会因方向而调节(见图 5-32)。它们也可以是车速感应式车灯(可以改变光束的长度或高度),或者对环境光进行补偿。

图 5-32　自动感应大灯

9)夜视辅助系统

夜视辅助系统(见图 5-33)可以有不同的形式,如基本的红外线大灯或热成像摄像机。但是无论采用何种科技,作用都一样:在夜间或者视线不明的情况下,帮助驾驶人看清更远处的路面,并且辨别接近 1 000 英尺(1 英尺=0.304 8 米)外道路上的动物、人或树木。图像在驾驶室中的显示屏上形成,使肉眼难于看清的障碍物体提前被驾驶人掌控。目前,博世公司开发的夜视系统具有以上功能,但价格比较昂贵,即使是超豪华轿车目前也基本为选配系统。相信在不久的将来,这一更高级的系统也将会被中高级轿车所选用。

图 5-33 夜视辅助系统

10)防碰撞预警系统(AWS)

防碰撞预警系统(advance warning system,AWS),是一个意外事故预防和缓和的驾驶辅助系统(见图 5-34),在危险发生前给驾驶人提供及时的声音和视觉报警。资料表明,驾驶人的人为因素导致的公路交通事故率最高。在这些人为因素中,疲劳和精神分散驾驶是重要原因之一。研究显示,若在公路交通事故发生前的 1.5 s 给驾驶人发出预警,则可避免 90%的这类事故。因此,通过在汽车上安装汽车防碰撞预警系统,利用技术手段分析车道、周围车辆的状况等驾驶环境信息,一旦当驾驶人发生疲劳及精神分散、汽车出现无意识的车道偏离及汽车间车距过近,存在追尾可能时,能够及时给予驾驶人主动预警,是减少公路交通事故行之有效的技术措施。

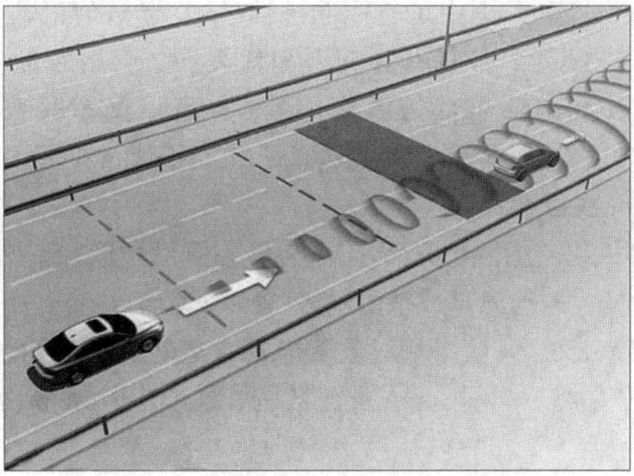

图 5-34 防碰撞预警系统(AWS)

11)主动防追尾系统

主动防追尾系统是在车辆的前端装上传感器、雷达、摄像机等设备,能够自动探测出与前车的距离,并与本车的制动、灯光等系统联动,当跟车距离低于安全距离时,系统会在零点几秒内起动,以强制拉大跟车距离。装备有主动防追尾安全系统的汽车在紧急制动时,危险警示灯自动频闪(见图 5-35),尽早提醒后面车辆,预防后车追尾。

图 5-35　主动防追尾系统

随着近年电子科技的发展，各种汽车智能安全系统也开始发展起来，主要是通过由雷达和摄像机组成的“预知传感器”，对行车危险进行判断并帮助驾驶人进行处理。这一系统能够在汽车与其他物体发生碰撞前的瞬间，自动进行干预以保证安全。

3. 新车安全评价体系

1)欧洲新车安全评价体系

新车安全评价体系(new car assessment program，NCAP)是一个行业性组织，它定期将企业送来的或者市场上新出现的车型进行碰撞试验。它规定的实车碰撞速度往往比政府制定安全法规的碰撞速度要高，从而在更加严格公正的碰撞环境下评价车辆的安全性能。尽管 NCAP 不是政府强制性实验，但由于它标准科学，试验严格公正，因而受到各汽车公司的高度重视。其中，欧洲的 NCAP 最具有影响力和代表性。它由欧洲各国汽车联合会、政府机关、消费者权益组织、汽车俱乐部等组织组成，由国际汽车联合会(FIA)牵头。欧洲 NCAP 不依附于任何汽车公司，所需经费由欧盟提供，不定期对已上市的新车和进口车进行碰撞试验，每年都组织几次试验。

碰撞试验具体内容大约包括两个方面，正面碰撞和侧面碰撞。正面碰撞速度为 64 km/h，侧面碰撞速度为 50 km/h。碰撞测试成绩由星级(★)来表示，共有五个星级，星级越高表示该车安全性能越好。近年来，又增加了车辆对被撞行人的安全保护程度的测试，并将结果划分为 4 个等级：★★★★分数为 28～36 分，★★★分数为 19～27 分，★★分数为 10～18 分，★分数为 1～9 分。

欧盟 NCAP 组织建于 1997 年，现在已经成为欧洲汽车消费者购买安全汽车参考标准。根据欧洲的法律，任何新车型在出售之前都要经过某些特定的安全测试才能投放市场。但是，法律也提供了新车安全标准的最低限度，其目的就是在于欧盟 NCAP 组织鼓励汽车公司的汽车能够达到并超过这些最低限度的安全标准。

(1)正面 40%重叠可变形壁障撞击测试。如图 5-36 所示，车速为 64 km/h 进行正面撞击。

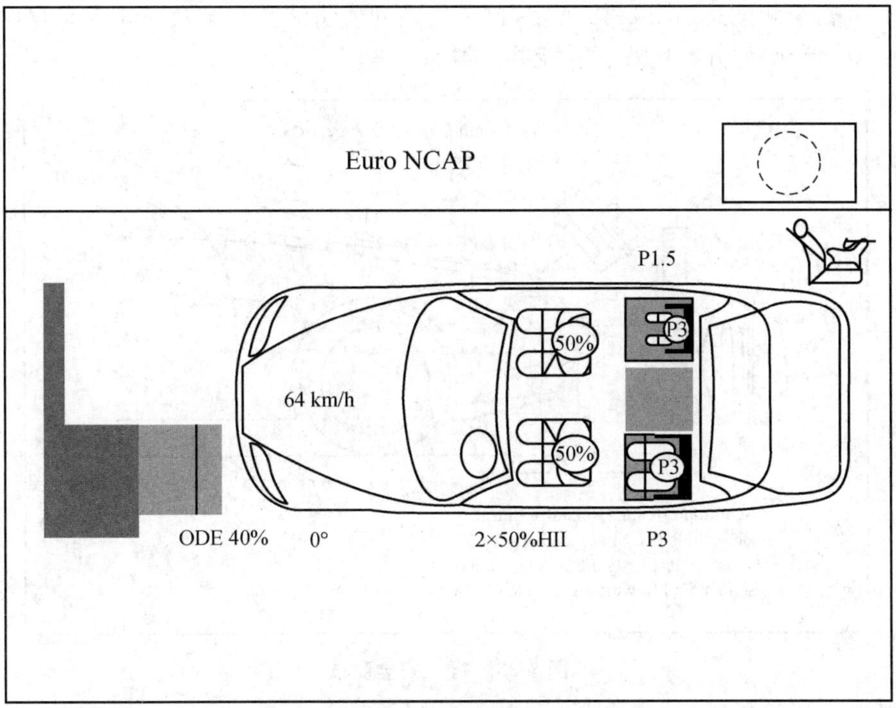

图 5-36　正面 40%重叠可变形壁障撞击测试

(2)可变形壁障侧面撞击。如图 5-37 所示,吊车被牵引以时速 50 km/h 撞击驾驶室的一面,以模拟侧面撞击的效果。

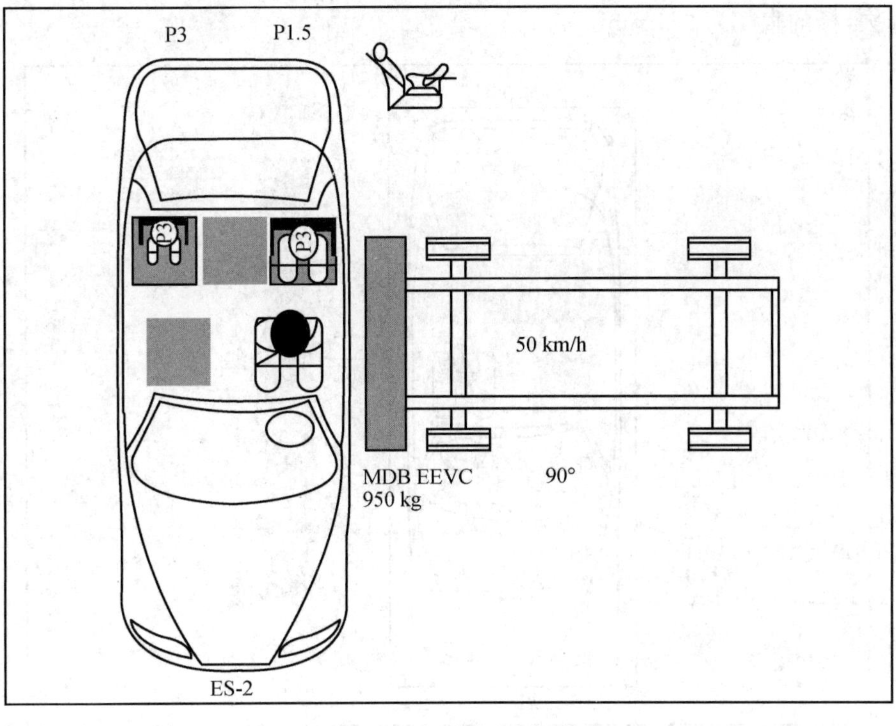

图 5-37　可变型壁障侧面撞击

(3)行人安全测试。如图 5-38 所示,这是一系列模仿涉及儿童及成年人车祸的测试,车辆速度为 40 km/h,评分有良好、差、极差三类。

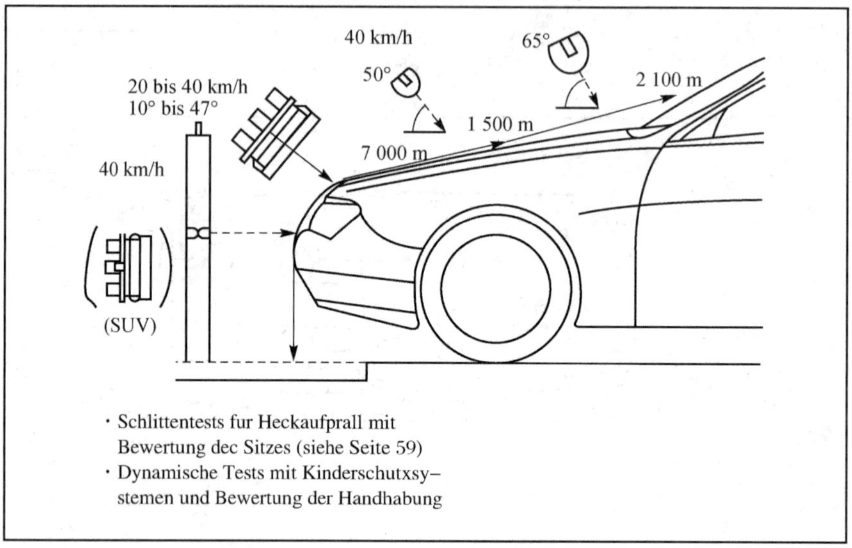

图 5-38　行人安全测试

(4)驾驶人头部保护安全测试。如图 5-39 所示,该测试主要针对车祸中致命率较高的侧面撞击,乘坐者头部遭受侧面撞击车辆的损害所作出的安全防范测试,因 1/4 的致命伤害是由于侧面撞击造成的。为了鼓励汽车公司改进乘坐者头部的保护装置,该可选测试主要是针对车辆侧面气囊的安全考核。在测试中,车辆以 29 km/h 的速度从侧面向一根坚硬的杆状物撞去,杆的直径为 254 mm。

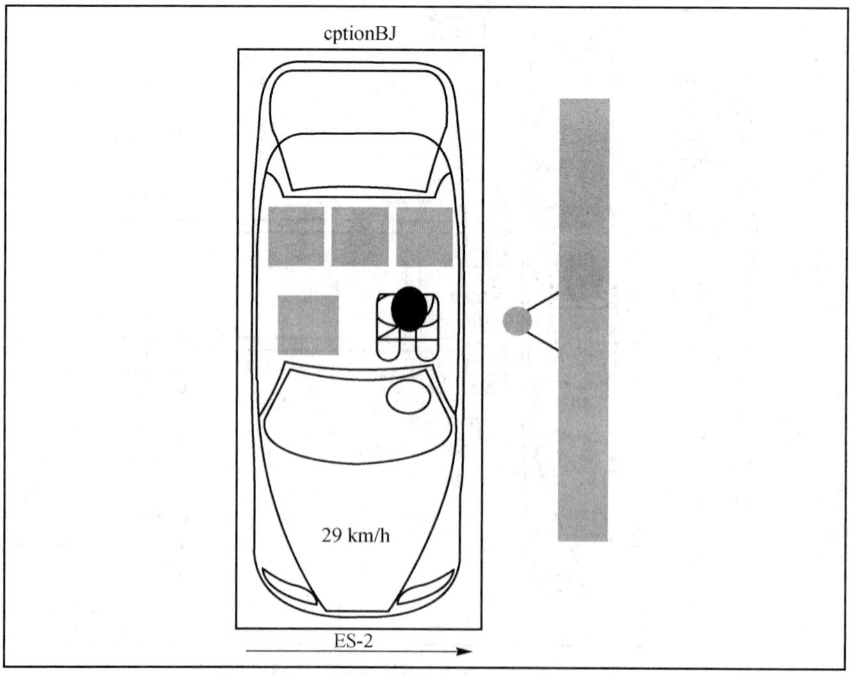

图 5-39　驾驶人头部保护安全测试

2)中国新车安全评价体系

中国技术研究中心在深入研究和分析国外 NCAP 的基础上，结合我国的汽车标准法规、道路交通实际情况和车型特征，并进行广泛的国内外技术交流和实际测验确定了中国新车安全体系(C-NCAP)的试验和评分规则。与我国现有汽车正面和侧面碰撞的强制性国家标准相比，不仅增加了偏置正面碰撞试验，还在两种正面碰撞试验中在第二排座椅增加假人，设置了更为细致严格的测试项目，技术要求也非常全面。C-NCAP 对试验假人及传感器的标定、测试设备、试验环境条件、试验车辆状态调整和试验过程控制的规定都要比国家标准更为严谨和苛刻，与国际水平一致。今后，C-NCAP 还将随着技术的发展进行完善。

C-NCAP 的评分项目包括四项测试：正面 100%重叠刚性壁障碰撞试验(见图 5-40)、正面 40%重叠可变形壁障碰撞试验(见图 5-41)、可变形移动壁障侧面碰撞试验(见图 5-42)、低速后碰撞颈部保护试验(鞭打试验，见图 5-43)。

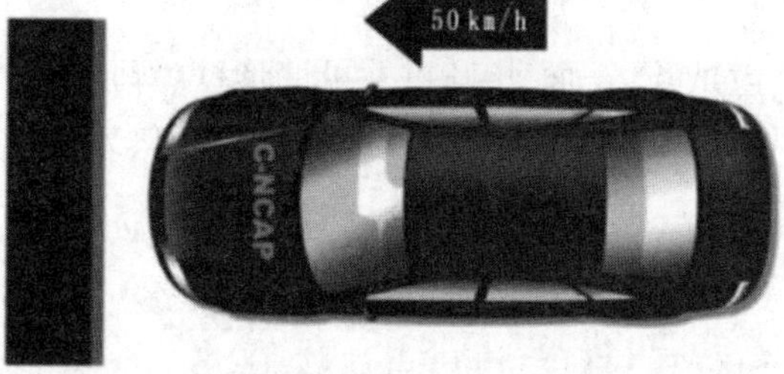

图 5-40　正面 100%重叠刚性壁障碰撞试验

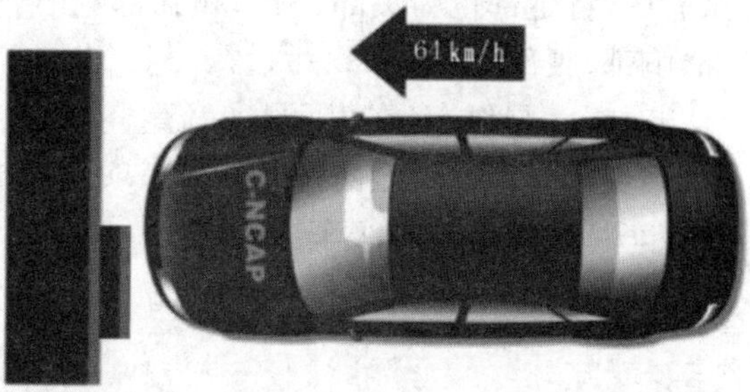

图 5-41　正面 40%重叠可变形壁障碰撞试验

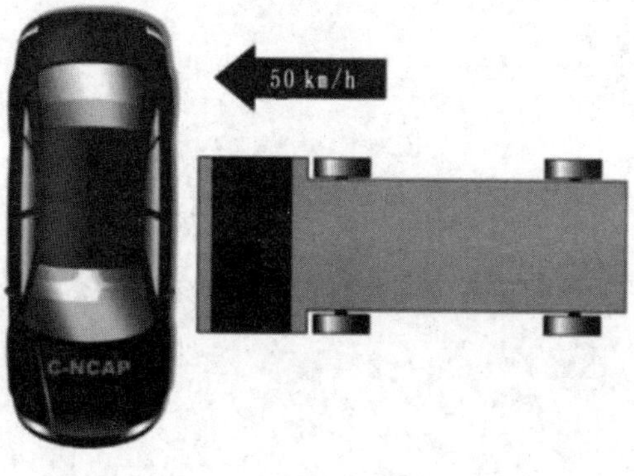

图 5-42　可变形移动壁障侧面碰撞试验

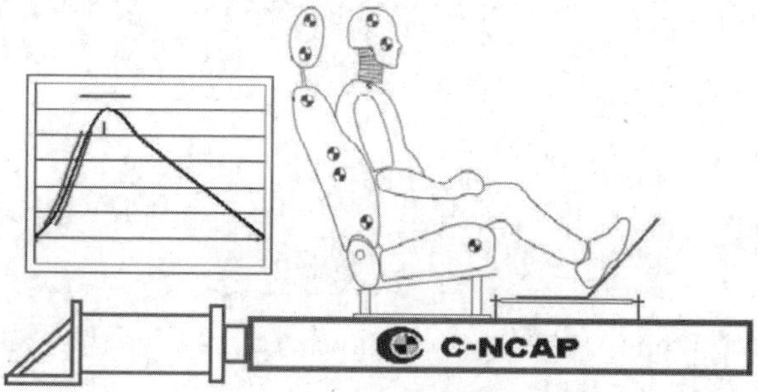

图 5-43　低速后碰撞颈部保护试验(鞭打试验)

C-NCAP 中最高得分为 62 分。其中前三项试验每项试验满分为 18 分，三项试验总得分满分为 54 分。鞭打试验满分为 4 分。对安全带提醒装置和 ISOFIX 装置分别有 1.5 分和 0.5 分的加分、对侧气帘(及侧气囊)和电子稳定控制系统分别有 1 分的加分。根据试验数据计算各项试验得分和总分，由总分多少分来评定星级。评分规则非常细致严格，最高分为 51 分，星级最低为一星级，最高为五星级。

将以上三项碰撞试验和鞭打试验的得分及加分项得分之和(四舍五入至小数点后一位)记为总分，并按以下条件确定评价星级。

总分	星级
≥60 分	5+（★★★★★☆）
≥52 且<60 分	5（★★★★★）
≥44 且<52 分	4（★★★★）
≥36 且<44 分	3（★★★）
≥28 且<36 分	2（★★）
<28 分	1（★）

除总分外，5 星级车和 4 星级车，还必须满足其他条件。

对于 5 星级车，在正面 100%重叠刚性壁障碰撞试验、正面 40%重叠可变形壁障碰撞试验、可变形移动壁障侧面碰撞试验三项试验中，前排假人的特定部位不能为 0 分，否则该车将被降为 4 星级车。在正面 100%重叠刚性壁障碰撞试验和正面 40%重叠可变形壁障碰撞试验中，特定部位为头部、颈部和胸部；在可变形移动壁障侧面碰撞试验中，特定部位为头部、胸部、腹部和骨盆。

对于 4 星级车，在正面 100%重叠刚性壁障碰撞试验、正面 40%重叠可变形壁障碰撞试验、可变形移动壁障侧面碰撞试验三项试验中，每项试验的前排假人得分不能低于 10 分，否则该车将被降为 3 星级车。

CHAPTER 6

第六章

汽车与生活

一、汽车展览

汽车展览起源于汽车发源地——法国。浪漫的法国人于 1894 年在巴黎香榭丽舍大街产业宫举办了一个"世界自行车、汽车博览会"，当时有 9 家公司参加展出，展品有自行车、摩托车、蒸汽机汽车和汽油机汽车。这就是世界上最早的车展，自此汽车展览在各地蓬勃发展起来。

如今，汽车展览已经成为汽车制造商们展示新产品的舞台，各汽车厂家为了抢夺市场份额，不惜代价地在汽车展览中投入，层出不穷的新车型，千奇百怪的概念车，琳琅满目的高档车及浓厚的汽车文化氛围，吸引了千千万万的观众前去感受世界汽车工业跳动的脉搏。

1. 世界五大汽车展览会

衡量某一车展是否为国际一流的主要依据有以下几个方面。

(1) 参展商规模和级别、汽车展品的档次。

(2) 首次亮相的新车和概念车数量。

(3) 展出面积及配套设施的先进性和完备性。

(4) 主办方的服务质量。

(5) 国内外媒体宣传报道量、观众数量和专业水平等。

经由"世界汽车工业国际协会"所认定及国际社会普遍所公认的世界五大车展，分别是德国法兰克福车展、北美国际车展、瑞士日内瓦车展、日本东京车展及法国巴黎车展等汽车展览会场，皆具有历史性与自我特色。历届汽车展览会场所展示的概念车型，不仅显示出未来汽车的发展趋势和导向，更将汽车制造工业最先进的技术与最前卫的设计发挥得淋漓尽致。

1) 德国法兰克福车展

德国法兰克福车展是世界最早举办国际车展的地方，也是世界规模最大的车展，有“汽车奥运会”之称。法兰克福车展前身为柏林车展，创办于 1897 年，1951 年移到法兰克福举办。每两年举办一次的法兰克福国际车展一般安排在 9 月中旬开展，为期两周左右。参展的商家主要来自欧洲、美国和日本，尤其以欧洲汽车居多，其展出的车辆主要有轿车、跑车、商务车、特种车、改装车及汽车零部件等。

法兰克福车展的参观者消费心理非常成熟，汽车知识了解很全面，在车展上各种品牌新车很多，参观者挑选车型看中的是科技的发展、汽配零部件质量，甚至是维修问题、售后市场产品，理性实用的成分居多。不仅如此，法兰克福车展还富有“专业精神”，入选 2009 年车展两大“最高创新奖”的产品都是汽车零部件。

第 65 届法兰克福国际车展于 2013 年 9 月 12 日至 9 月 22 日在法兰克福会展中心举行。跟往届一样，新车云集依旧是法兰克福车展不变的特色。此次法兰克福车展中，有多款量产新车，未来将进入中国，其中不乏高端跑车、SUV 及高关注度的车型。

如图 6-1 和 6-2 所示为第 65 届法兰克福国际车展上展出的新马自达 3 和英菲尼迪 q30。

图 6-1　新马自达 3

图 6-2　英菲尼迪 q30

2)北美国际车展

一年一度的北美国际车展始于 1900 年 11 月纽约汽车俱乐部举办的第一届世界汽车展览会，至今已经有近百年的历史，是美国创办历史最长的车展之一。1957 年，车展迁至底特律举办，1989 年改名为北美国际汽车展，是世界上历史最长、规模最大的汽车展之一。由于此车展在每年年初举行，因此被誉为“全球汽车风向标”。

2013 年 1 月 14 日，新一届北美国际汽车展开幕，世界各地的汽车制造商们带来了 50 余款新车亮相，其中大多数是全球首发车。

如图 6-3 所示为北美国际汽车展商展出的宝马 X4。

图 6-3　宝马 X4

3)瑞士日内瓦车展

日内瓦汽车展览是每年 3 月在瑞士日内瓦举行的汽车展览,也是全球重要的车展之一。该车展的展览地点是位于日内瓦国际机场旁的日内瓦 Palexpo 展览会议中心,主办单位是世界汽车工业国际协会。在五大车展中,瑞士是唯一一个没有汽车工业的国家,但却承办着世界上最知名的车展之一,它每年总能吸引着数十个国家的数百辆汽车参展,是世界上举足轻重的车展之一。

日内瓦车展是欧洲唯一每年度举办的大型车展,是各大汽车商首次推出新产品的最主要展出平台。日内瓦车展在展览面积 7 万多平方米的室内展馆举行,面积虽然不大,却是生产豪华轿车的世界著名汽车生产厂家的必争之地!日内瓦车展上的展品不但是各汽车厂家最新、最前沿的产品,而且参展的车型也极为奢华。由于各大公司纷纷选择日内瓦车展作为自己最新最靓的车型首次推出的场所,这就为日内瓦车展博得了“国际汽车潮流风向标”的美誉。

汽车与生态、环保的关系,是日内瓦车展上“常青”的话题。在日内瓦车展上,全球汽车厂商不仅将他们的最新产品公之于众,也越发注重生态环保理念。2009 年起,主办方专门为电动车、使用生物燃料或清洁燃料的新能源车辆辟出展区,命名为“绿厅”。2012 年,20 余款低能耗、使用混合动力或全电动的“绿色”汽车出现在“绿厅”。除传统车辆和新能源车辆外,特殊车身设计、改装车辆、汽车保养维修、各项与汽车工业相关的零件与服务也是日内瓦车展的重要内容。

第 83 届日内瓦车展于 2013 年 3 月 7 日举行,标志 2008 等众多新车首发亮相。如图 6-4 所示即为车展上展出的标志 2008 汽车。

图 6-4　标志 2008

4)日本东京车展

东京车展是世界五大车展中历史最年轻的,创办于 1954 年,逢单数年秋季举办乘用车展览,双数年为商用车展览,是亚洲最大的国际车展,历来是日本本土生产的各种千姿百态的小型汽车唱主角的舞台。日本东京车展身为具有国际性质的汽车展览,自然成为世界各大汽车公司选择新型车辆首次公开的场所之一。近年,该车展被媒体注目的焦点开始转往“零件馆”(部品馆)部分,遂成为“东京车展”的特色之一。

近年来，东京车展主题从以前的“休闲娱乐”转为重视“环境保护”和“安全科技”的方面。这些建议的倾向与需求的解决方案，也一年比一年强烈。而且，观念正从“展示的汽车展览”转变成“参加的汽车展览”，参观者加入体验车辆试乘会和专题研讨会，促使成为积极回应、多样需求的汽车展览。

1999 年的东京车展参观人数达 140 万人，足见它的热闹程度。与其他西方大型车展相比，日本车展更具有亚洲的东方风韵。日本厂商的多款造型小巧精美、内饰高档的车总能成为车展的主角。

2011 年东京车展于 11 月 30 日开幕，日系品牌成为主角，包括丰田、本田、日产等大厂带来了多款概念车。如图 6-5 和 6-6 所示分别为斯巴鲁 BRZ 和丰田 Fun-Vii 概念车。

图 6-5　斯巴鲁 BRZ

图 6-6　丰田 Fun-Vii 概念车

5)法国巴黎车展

法国巴黎车展起源于 1898 年的国际汽车沙龙会，直至 1976 年每年一届，此后每两年一届，在当年的 9 月底至 10 月初举行。1998 年 10 月，巴黎车展恰逢百周年，欧洲车迷期待很久的巴黎“百年世纪车展”以“世纪名车大游行”方式，让展车行驶在大街上供人观赏。

法国是汽车的发源地之一，世界上第一次车展也是在法国举行的。因此，作为国际五大汽车展览之一，巴黎车展一直在汽车业界具有很大的影响力，对推动汽车业界的发展起到十分积极的作用。作为浪漫之都的巴黎，它的车展如同时装一样，总能给人争奇斗艳的感觉。

巴黎车展是开放的车展，只要是欧洲接受的车型，无论制造厂商规模大小如何，在巴黎车展上都受欢迎。巴黎车展对所有参展商一视同仁，提供相同的服务。例如，其他的几大车展都会偏向本国的参展企业，而巴黎车展给国外参展商提供充分的空间。

另外，巴黎车展的内容囊括了整个汽车产业链，不像其他车展主要是以私家车展为主。巴黎车展设有包括商用车及专用车展厅(展出面积约占总面积 10%)、汽车电子产品及其他配件专区、运动和竞技汽车区、新能源和服务商(汽车金融、保险、租赁等)专区、二手车展区、汽车发展史专区及免费活动专区。每个专区的内容都很精彩，如二手车展示是巴黎车展的传统项目，一般来说车展上的私家车是不能够直接购买的，但是在二手车专区，观众可以随意挑选自己喜欢的汽车，并且当场开回家。观巴黎车展，五大洲四大洋的厂商都可以到巴黎车展“秀”一把——巴黎车展就像是世界汽车的舞台。

2012 年 9 月 27 日，2012 巴黎车展开幕，欧洲及全世界的一批新车亮相，如路虎携全新揽胜正式亮相，如图 6-7 所示。该车最大的特点是采用了全铝车身设计，新材料的应用使得整车重量降低了 39%。

图 6-7 路虎新揽胜

2. 中国车展

随着近几年中国汽车消费市场的蓬勃发展，中国车展无疑成为众多汽车品牌展示品牌实力与核心技术的最佳平台。国际汽车巨头欲借助这个舞台，让中国消费者对于汽车品牌有更加清晰的认识。而作为本土的汽车品牌，则是通过车展展现民族工业的飞速进步。在众多国内车展中，最具代表性的车展当属北京国际车展和上海国际车展。

1）北京国际车展

有着二十多年历史的北京国际汽车展览会，至今已连续成功举办了 11 届，是全球汽车业界在中国每两年一次的重要展示活动。依托中国巨大的汽车消费市场和快速发展的中国汽车工业，北京国际汽车展览会在展览规模、国际化水准、展品质量及在全球的影响力逐届提高，受到中外汽车界、新闻界和社会各界的高度关注和积极参与。众多国际知名汽车公司将北京国际汽车展览会列为全球最重要的国际级车展，中国本土汽车企业也将北京国际汽车展览会作为展示自主知识品牌、推出最新科技成果的首选平台。

北京国际汽车展览会为中外汽车企业展示形象、推广品牌、促进交流融合、沟通信息技术提供了一个平台。在全球汽车业缓慢复苏的今天，北京国际汽车展览会以中国持续繁荣的汽车市场和创新发展的中国汽车工业为背景，也引来了越来越多人的关注。

2012 北京车展在 2012 年 4 月 23 日于北京新国际博览中心开幕，主题是“创新 · 跨越”，总展览面积达到 23 万平方米，创下了北京车展历史上展会规模的新纪录。来自德国、法国、英国、意大利、瑞典、美国、澳大利亚、日本、韩国、马来西亚、新加坡、中国等 10 多个国家和地区的 2 000 余家厂商参展。全球所有汽车跨国公司全部报名参加了本届车展，共展出车辆 1 125 辆。全球首发车 120 辆，其中跨国公司全球首发车 36 辆，跨国公司亚洲首发车 35 辆，概念车 74 辆，新能源车 88 辆，还有众多热门首发车型备受关注。

2012 北京车展上展出的新能源车讴歌 NSX 概念车如图 6-8 所示。

图 6-8　2012 北京车展上展出的讴歌 NSX 概念车

2）上海国际车展

上海国际汽车工业展览会(Shanghai international automobile industry exhibition)创办于 1985 年，是中国最早的专业国际汽车展览会，是亚洲最大规模的车展，逢单数年举办，目前已经成功举办了 15 届。2004 年 6 月，上海国际车展顺利通过了国际博览联盟(UFI)的认证，成为中国第一个被 UFI 认可的汽车展。伴随着中国汽车工业与国际汽车工业的发展，经过 20 多年的积累，上海国际车展已成长为中国最权威、国际上最具影响力的汽车大展之一。

第 15 届上海国际车展于 2013 年 4 月 21 日至 29 日在上海新国际博览中心举行。本届展会以“创新 · 美好生活”为主题，不仅集中展示世界汽车的最新发展成果，也演绎现代汽车注重科技环保带给人类社会的美好生活方式。本届车展展出面积达到了 28 万平方米，创历史纪录，吸引了来自全球 18 个国家和地区近 2 000 家厂商参展。

2013 上海国际车展上，国内六大汽车集团再度以集团阵容全线出击，彰显了国内自主品牌的集体自信和整体实力。吉利、比亚迪、奇瑞、华晨、江淮、海马、东南、力帆等国内其他自主品牌也各自推出全新车型。江铃、昌河铃木、长丰、陆风、中兴则首次独立参展。

2013 上海国际车展上展出的比亚迪 SUV S7 如图 6-9 所示。

图 6-9　2012 上海车展上展出的比亚迪 SUV S7

二、赛车运动

赛车运动的历史要追溯到19世纪80年代后期。1887年4月20日由法国《汽车》杂志社举办的汽车比赛，路线从巴黎的桑·贾姆沿塞纳河到努伊伊，参赛者只有乔尔基·布顿一人，他驾驶一辆蒸汽四轮车跑完全程，这是世界上有纪录的第一场汽车比赛。第二年《汽车》杂志社又举办了一次比赛，路线从努伊伊到贝尔塞，全程20 km，有两人参加，布顿超过对手胜出，获得冠军。此后，汽车赛车运动伴随着汽车的发展，由初期的低速度、小规模、形式单一型发展成为现在的高速度、大规模、多种多样的汽车赛事。特别是一级方程式(F1)汽车比赛，已经成为可以与世界杯足球赛相媲美的运动，吸引着无数的车迷参与其中，每一站的比赛都有成千上万的新闻记者进行报道。现代汽车比赛发源于欧洲，至今也是以欧洲国家为重点。

除了职业的汽车比赛之外，世界各地的汽车爱好者还自行组织了一些小型的汽车比赛，这对汽车工业的发展也很有意义，因为许许多多的汽车俱乐部维系着千千万万的汽车运动爱好者，其广泛性和群众性是职业汽车大赛无法比拟的，是职业汽车大赛的有益补充。这些地方汽车俱乐部组织的汽车赛吸引了大量的汽车爱好者，传播了汽车文化，扩大了汽车爱好者的队伍，培育了潜在的汽车人才及汽车市场。

1. 一级方程式(F1)汽车赛

世界一级方程式赛车锦标赛，简称F1汽车赛，如图6-10所示，是当今世界最高水平的赛车比赛。与奥运会、世界杯足球赛并称为“世界三大体育”节目，年收视率高达600亿人次。人们今天欣赏的F1比赛可以说是高科技、团队精神、车手智慧与勇气的集合体。F1是赛车中的顶级赛事，全年的统筹安排，每站比赛的赛事组织、车队工作、电视转播等各个方面都井井有条。

图6-10　F1赛车运动

F1赛车是世界上最昂贵、速度最快、科技含量最高的运动，是商业价值最高、魅力最大、最吸引人观看的体育赛事。汽车的许多新技术，包含以空气动力学为主，加上无线电通信、电气工程等世界上最先进的技术、很多新的科技都是在F1上得以最初实践的。

1)F1汽车赛的由来

在早期的汽车比赛中，人们对赛车几乎没有任何规定，比赛的胜负主要取决于赛车发动机功率的大小。为了比赛的胜利，人们都竭力加大发动机的功率，这在一定程度上促进了汽车技术的发展，但对汽车比赛本身来说并不公平。到了20世纪20年代，人们开始对参赛车的发动机类型、排量、功率等都作出了规定，使汽车比赛趋于公平合理，于是就有了方程式的概念，这就是F1汽车赛的由来。

根据国际汽车运动联合会(FIA)的规定，方程式汽车赛一共有三个级别，按发动机排量和功率的不同来划分。

三级方程式(F3)：排量2 L，功率125 kW；

二级方程式(F2)：排量3 L，功率345 kW；

一级方程式(F1)：排量3.5 L，功率478 kW；1992年改为排量3.5 L，功率573 kW；1995年又改为排量3 L，功率478～515 kW。

F1汽车赛是最高级别的方程式汽车赛，现在每年都会举办一次F1汽车大奖赛。世界上第一场F1汽车赛于1950年5月13日在英国银石赛车场举行。

2)F1赛车队和赛车

车队是参加汽车比赛的集体，要想参加F1汽车大奖赛，就必须先注册成立一支专业赛车队。从1950年到1995年，世界上总共有过97支F1赛车队，欧洲占多数，其中英国34支，意大利22支，德国11支，各车队人数30～200人不等。有些F1赛车队实力雄厚，拥有自己的F1赛车设计制造中心，如法拉利车队、威廉姆斯车队等，它们能独立制造F1赛车所需的90%以上的零件。当然，也不是每个车队都有能力自己设计制造赛车，一些规模较小的赛车队只是负责汽车比赛的一些事项，赛车都是由那些实力雄厚的汽车制造商负责制造的。

如图6-11和6-12所示分别为法拉利车队和红牛车队的最新赛车。

图6-11　法拉利车队最新赛车

图6-12　红牛车队最新赛车

成立和运作一支F1赛车队所需费用非常惊人：建厂约300万美元，比赛的4辆赛车造价约460万美元，运送赛车的挂车约30万美元，车队宿营车约30万美元，员工工资每年约600万美元(不包括星级赛车手的工资，像舒马赫年薪最高时达2 400万美元)，而出国参赛的运输费、人员差旅费也不少。但名次较前的车队，每年得到的企业赞助和广告收入也是惊人的。

方程式赛车队在比赛中的成败很大程度上取决于赛车的性能。因此各赛车队和有关赛车制造公司都不惜花费巨资和大量的精力，采用现代最先进的技术和质量轻、强度大的航空材料来制造赛车。

3)F1赛车手

在F1汽车比赛中，赛车手起着举足轻重的作用，在赛车基本相同的条件下，赛车手的技术与体能往往起着决定成败的关键作用。在比赛过程中，车手要消耗大量的体力，承受因加速、减速和转弯离心力所引起的巨大作用力，一个赛车手在2 h的比赛中要消耗3 kg的体重。

F1汽车赛是一项很危险的汽车运动，比赛时不可避免地会发生翻车、撞车、起火等事故，因此，为了保护车手的人身安全，FIA规定F1车手比赛时必须穿戴经其批准的专用服饰。头盔必须是带面罩的全脸头盔，衣服和手套也是用一种特殊材料缝制而成的防火服装，比赛用鞋为皮革制成，里面还衬以泡沫塑料，表面覆盖一层防火材料。按照FIA的标准，一个装备齐全的车手必须在700 ℃的火焰中待上12 s而不会被烧伤。此外，车手在比赛时还必须佩戴耳塞，以保护车手的耳膜不被发动机的轰鸣声伤害。

要成为F1赛车手绝不是一件容易的事。这些赛车手都要经过多年的磨练，通过无数次的筛选，最后还必须接受FIA的考核，在取得“世界超级驾驶员执照”后才有资格参加F1汽车大赛。目前，各车队的F1赛车手主要来自欧洲国家。

目前，在车手榜上最著名的是德国人迈克尔·舒马赫，如图6-13所示，他从1991年开始进入F1车坛，先后效力于乔丹、贝纳通、法拉利车队，于1994年首夺世界冠军，其后在1995年及2000～2004年夺冠，总共夺得7个世界冠军。舒马赫拥有无数的F1比赛新纪录，他现在是赢得大奖赛冠军次数最多的纪录保持者，超过了阿兰·普罗斯特的51次，以及胡安·曼纽尔·范吉奥的5个世界冠军的纪录，成为当之无愧的车王。

图6-13　迈克尔·舒马赫

4)F1赛车的规则

FIA规定每个赛季举行16场比赛，分别在16个分站举行(1995年增至17场)，原则上每个国家在一年内只能举办一次分站赛，每站只限26辆赛车，比赛全程为300～320 km，时间限定为2 h。

F1的正式比赛安排在星期日举行，比赛前有两次自由练习和排位赛。自由练习定在比赛前的星期五和星期六上午，每次练习时间为45 min，每次限跑23圈。排位赛定为星期六下午，每次跑1圈，每人两次，以成绩的快慢来决定正式比赛时的排位次序。

在F1汽车赛过程中，赛场工作人员主要靠旗语与车手联系：白旗表示跑道上有缓行的车辆；黑旗表示指定赛车在下次通过修理站时要停车；绿旗表示全程畅通；红旗表示停止比赛；蓝旗表示有车手要超车；黑底黄心旗表示赛车有机械故障；黄旗表示危险；黄底红竖条旗表示跑道滑；黑白方格旗表示比赛结束。

F1汽车赛的计分是每站比赛只计前六名赛车的成绩，有车手得分和车队得分。车手计分方法相同，如表 6-1 所示。

表 6-1 F1 比赛车手计分方法

名 次	第一名	第二名	第三名	第四名	第五名	第六名
分数	10	6	6	3	2	1

车手在每站的得分之和为总积分，分数最高的为本届大奖赛冠军车手。车队总积分是每站两名车手的积分之和，积分最高的车队就是本届大奖赛的冠军车队。按照 FIA 规定，每位车手和每个车队都必须参加当年 8 站以上的比赛，才能取得当年世界冠军称号的资格。

5)F1 赛车场

F1 汽车赛必须在专用赛车场进行，对专用赛场的长度、宽度、路面情况、安全措施等均有极为严格的要求。一般说来，专用赛场为环形，每圈长 3～7 km，赛道总长度为 305～320 km。为安全起见，赛道两旁一般铺设宽阔的草地或沙地，以便将观众与赛道隔开。如今在正式比赛的赛场中，摩洛哥赛场的赛道最短，为 3.328 km；比利时的斯帕赛场的赛道最长，为 6.94 km。FIA 规定赛场不允许有过多过长的直道，目的在于限制高速，以免发生危险。

F1 赛车场大多位于欧洲。在 1950～1995 年，F1 大赛共进行了 580 场，其中在五大洲举办的次数分别为：欧洲 407 次，美洲 125 次，非洲 24 次，亚洲 13 次，大洋洲 11 次。在欧洲，举办 F1 比赛最多的赛场是：意大利的蒙扎 45 次，摩纳哥 42 次，荷兰的赞德沃特 30 次，比利时的斯帕 30 次，英国的银石 29 次，德国的纽伦堡 24 次。

目前，F1 赛车场设有巴林麦纳麦赛道、马来西亚雪邦赛道、澳大利亚阿尔伯特公园赛道、圣马力诺伊莫拉赛道、欧洲纽博格林赛道、西班牙加泰罗尼亚赛道、摩纳哥蒙特卡洛赛道、英国银石赛道、加拿大蒙特利尔赛道、美国印第安纳波利斯赛道、法国马格尼赛道、德国霍根海姆赛道、匈牙利布达佩斯赛道、土耳其赛道、意大利蒙扎赛道、比利时斯帕赛道、日本铃鹿赛道、中国上海国际赛道（见图 6-14）、巴西圣保罗英特拉格斯赛道 19 个赛道。

图 6-14 中国上海国际赛道

2. 汽车拉力赛

拉力赛的“拉力”是英文 Rally 的中文音译，意思是一种汽车行驶的比赛集会，是一种在公路上举行的从某些出发点到另一终点之间的行驶比赛项目，一般有一个公共的会合点，而出发点可能有很多，甚至可以在各个不同的国家。

拉力赛与其说是一项速度比赛，不如说是一种可靠性试验。比赛过程中的平均行驶速度有一定的限制，途中能够达到的最高速度并不作为考核的指标。比赛在规定的日期内分若干阶段进行，每一阶段内设置由行驶路段连接的数个测试速度的赛段交替进行，每个赛段的长度不超过 30 km。

比赛采用单个发车方法，每个车组由一名驾驶员和一名领航员组成，以每个车组完成全部特殊路段比赛的时间和在行驶路段所受处罚的时间累计计算最终成绩，时间短者名次列前。比赛对行驶路段的行驶时间有严格限制，车组必须按规定的时间依次到每个时间控制点报到，迟到或早到都会受到处罚。

拉力赛的持续时间随着比赛项目的规模不同而异，最短的仅 6 小时，最长的可达一个星期以上。一些主要的国际赛事还需根据 FIA 规则确定它的最短比赛距离。比赛时只给汽车打分，而不给驾驶员打分。

拉力赛的参赛车必须使用在 FIA 注册、年产量超过 5 000 辆的标准 4 座轿车和旅行车，如图 6-15 所示，发动机最大输出功率不准超过 220 kW，赛车可按比赛规则进行改装。例如，可以装上容量较大的燃油箱、特制的轮胎、专为比赛用的座椅、方向盘、雾灯、特制的照明灯、辅助前照灯及可调的探照灯，再加上加固的悬架系统，强化的发动机，大容量的冷却系统和防翻滚杆等。

图 6-15　汽车拉力赛参赛车辆

国际汽车拉力赛每年设有世界拉力锦标赛（14 站）、欧洲拉力锦标赛（11 站，难度系数分 20/10/5/2）、亚洲拉力锦标赛（6 站）、非洲拉力锦标赛（5 站）、中东拉力锦标赛（6 站）等众多大型赛事。

3. 汽车耐力赛

1）勒芒 24 h 汽车耐力赛

1923 年 6 月，在法国巴黎西南的一个小城勒芒举行了一场此后闻名于世的汽车马拉松比赛——勒芒 24 h 汽车耐力赛。该赛事无论是对汽车的动力性、可靠性、耐久性还是驾驶员的体力都是一次严酷的考验。

勒芒大赛是最负盛名的耐力赛，胜过美国印第 500 大奖赛或其他任何汽车耐力赛。因为一般耐力赛只有 500～1 000 km，而勒芒大赛有 5 000 km，所以也有人说它是大规模组织起来的赌博，以牺牲许多人的生命为代价，来提高几个汽车制造厂家的名气。不管勒芒的赛道多么艰险，也不管历史上发生过多少悲剧，每届勒芒大赛都在6月份如期举行。一些汽车厂家不惜耗资数百万美元想在这项大赛中取胜，谁也不肯轻易放过利用这项大赛来提高公司声誉的机会。

在20世纪50～60年代，勒芒大赛一直是法拉利的天下，直到1966年著名赛车手布鲁斯·麦克拉伦驾驶福特GT40赛车才把连坐10届冠军宝座的法拉利拉下马，此后福特GT40在勒芒大赛中连年夺标，创出了四连冠的优异成绩。布鲁斯·麦克拉伦从此也在赛车界名声大噪，并随后组建了自己的车队，这就是目前在F1车坛和GT耐力赛上极负盛名的麦克拉伦车队。

到20世纪80～90年代，德国的保时捷在勒芒大赛中一枝独秀，至1997年保时捷已10次折桂，并经常囊括前三名。1996年的勒芒大赛上，保时捷一举夺得三个组别的所有级别的全部冠军。勒芒24 h汽车大赛是C组大赛的一站，也是全球GT耐力赛的一站，而且是最重要的一站。许多车厂可以不参加其他分站赛，但都争先恐后参加这项赛事，因为一旦在勒芒大赛中夺冠，该车厂也就在世界汽车制造业中确立了自己的崇高地位。

勒芒24 h耐力赛在世界公众中的影响力仅次于F1，从纯粹的技术角度来看，勒芒24 h耐力赛甚至比F1更加刺激。由于不像F1大奖赛对涡轮增压等技术进行限制，勒芒耐力赛在2/3的路段上赛车平均时速约为370 km，在直道上赛车时速则可高达390 km，而且超车镜头屡见不鲜。

在勒芒实现过三连冠的奥迪R8赛车曾经创造了24 h行驶超过5 400多公里的惊人纪录。要知道一站F1大奖赛的平均时速也不过200多公里，而且还仅仅只有300多公里的赛程，勒芒耐力赛在5 000多公里的比赛中保持这样的速度，其赛车性能绝对令人咋舌。

2)GT耐力赛

GT耐力赛所用的赛车都是GT赛车，如图6-16所示。所谓GT赛车，一般是指加以改装的日常跑车，这些跑车必须是厂家生产的用作商业销售的跑车，一般都是双门双座或双门“2＋2”座形式的车辆。如保时捷911、法拉利F40、法拉利355、通用的克尔维持、克莱斯勒的蝰蛇、美洲虎XJ220、丰田苏伯拉、本田NSX、布加迪EBllO、莲花精灵和麦克拉伦F1等。这些生产型跑车在外形轮廓基本不变的情况下，对内部进行赛车化的改装，就是GT赛车。

图6-16　GT赛车

20 世纪 80 年代初，由于 GT 赛事发生了几场重大事故，比赛趋于衰微。1994 年，保时捷赛车部的执行总裁及前赛车手巴尔特和两位法国人重新推动组织了这项赛事，使 GT 赛死而复生。1994 年，保时捷在 GT 赛中大获全胜。1995 年，新组建的麦克拉伦 GT 车队派出了装有宝马 12 缸、6.1 L、550 kW 发动机的新式战车 F1GTR，从而一举击败了保时捷，力拔头筹。1996 年，保时捷将其全新研制的 911GT1 投入战斗并横扫千军再次夺冠，其 911GT1 和 911GT2 在各自的组别中战无不胜，从而奠定了保时捷在赛车界的崇高地位。

3）印第 500 汽车大赛

印第 500 汽车大赛是美国地区性的汽车比赛，但在业界具有很大的影响。印第 500 汽车大赛是美国方程式锦标赛中的一站，而同时它又是一场独立赛事，就像欧洲的世界耐力锦标赛中的勒芒 24 h 大赛一样。

在美国印第安纳波利斯市有一条著名的环形汽车赛道，其周长为 4 km，一年一度的印第 500 汽车大赛就在此举行，参赛车需要跑 200 圈，总共 800 km（即 500 英里，这也是印第 500 汽车大赛的得名原因）。此赛事始于 1911 年，至今不衰，可谓历史悠久。

印第 500 汽车大赛的赛车在赛道上平均时速达 240～260 km，最高时速超过 320 km，跑一圈大约需要 1 min，跑完全程大约需要 3 h。这条长度为普通田径运动场 10 倍的赛道，四周筑有看台，每年吸引的观众不下 50 万人。夺标者的奖金极其丰厚，超过 100 万美元。

印第赛车上不允许使用各种先进的电子装置，它使用普通离合器、普通变速换挡装置。最有意思的是，印第 500 汽车大赛的赛车由于要适应频繁的左转弯，其左右结构不对称，即右边的车轮要比左边的车轮略大些，右边的悬架也要比左边的悬架硬，如图 6-17 所示。

图 6-17　印地赛车

印第赛车比 F1 赛车既大又重，但这并不意味着就比 F1 赛车慢。由于其功率很大，所以车速与 F1 赛车不相上下，同时由于其结构更加原始、简单，所以更能显示车手的操纵技术、胆识、勇气和经验。

4. 卡丁车赛

卡丁车赛是汽车场地比赛项目的一种，使用轻钢管结构，操纵简单，无车体外壳，装配 100 mL、125 mL 或 250 mL 汽油发动机的 4 轮单座位微型赛车，如图 6-18 所示。它重心低，在曲折的环形路线上行驶，比赛速度感强。

图 6-18　卡丁车

卡丁车运动起源于20世纪50年代，是现代汽车运动的摇篮，也是各国培养世界著名车手和赛车组织人员的必要途径。卡丁车是世界方程式赛车的最初级形式，由于许多著名的F1赛车手都是从卡丁车起步的，因此卡丁车被视为"F1"的摇篮。

卡丁车结构简单，操作接近F1赛车，具有强烈的挑战性，因此在世界范围内，卡丁车运动迅猛发展，成为一个普及的汽车运动项目，对世界汽车运动成为与足球运动比肩的项目功不可没。

世界方程式赛车大腕多出自于卡丁车运动。迄今，卡丁车运动已培养出数十位世界著名的方程式大赛车手，他们中有曾经久占魁首的法国名将普罗斯特、独领风骚的德国车手舒马赫、英国麦克拉伦车队的芬兰车手哈基宁、法国雷诺车队的阿莱西等，他们无一不是前卡丁车欧洲锦标赛、世界锦标赛的冠亚军。

卡丁车现在已经成为大众最喜欢的运动、娱乐项目之一。究其原因主要有如下几点。

(1)车身低(底盘离地间隙只有4 cm)，速度快(车手的视觉速度是实际速度的两三倍)。

(2)驾驶灵活轻便，特别是驾驶时"有惊无险"，车手可以充分体会追风逐电、潇洒飘逸的刺激感和享受感。这种人车合一的运动，既有利于促进人的大脑和四肢的协调配合，又能释放因生活或工作紧张所造成的心理压力，被心理医生大力推崇。

(3)卡丁车还以急缓有机结合、变幻多端的赛道使车手在驾驶时随时面临着竞争和克服困难的种种挑战，并在每一次超越对手和战胜自我中使心理更加满足和成熟。在欧洲，各国都将卡丁车运动作为培养青少年素质的有效方法之一，培养他们从小敢于拼搏、敢于取胜的精神。

(4)作为F1赛车手的摇篮，卡丁车运动具有较高的关注度。每年风靡世界的各项汽车赛都极大地吸引和培养了一大批车迷，而卡丁车作为最简易的汽车自然受到更多人的喜爱。

5. 其他汽车赛

1)国际房车锦标赛

所谓房车，一般是指四门五座或双门五座的普通轿车，如图6-19所示。国际房车锦标赛是FIA于1996年新设的一项有代表性的国际汽车大赛。

图 6-19　房车

近些年来，汽车比赛越来越专业化，赛车也与日常用车相去甚远，所以人们越来越希望能在比赛中见到自己熟悉或自己开过的日常车型，这也是房车锦标赛得以生存和发展的原因，同时各国的汽车厂商对此也很感兴趣，因为一旦比赛获胜便可以促销本公司的汽车。

房车锦标赛所用的赛车必须是来自于制造商年产 2.5 万辆的某种生产车型，为了参赛，车辆可以进行适度的改装，但必须符合 FIA 制定的规则：发动机必须是 2.5 L 的原厂批量生产机型，但可进行提升功率的改装；车身必须保留生产型车身的基本线条，且必须采用原车所有的材料(以防止过度减轻车重)；车身重心可降低，使汽车更接近地面，以适应高速行驶；车身的裙部可以改装，以改善空气动力性，车尾也可以加装改善空气动力性的尾翼；车轮可以加宽；可以拆除车内一些设备，以减轻重量，但仪表板必须保持原车形状；整车重量(除驾驶员外)最少要达 1 040 kg，车长要超过 4.3 m。

2)汽车冲刺赛

汽车冲刺赛起源于美国，由于其具有很高的刺激性和娱乐性，因而逐渐在欧洲和日本得到较大发展。到目前为止，汽车冲刺赛还是一种不够规范的汽车比赛，比赛采取两辆车“捉对厮杀”的办法进行逐步淘汰，坚持到最后者为胜。这种比赛的场面非常热闹壮观，比赛时两辆功率奇大无比且奇形怪状的汽车在一条长为 1 500 m、宽 30 m 的平直跑道上静止发车，加速行进，以最快的速度通过一段由电子仪器测量的距离(一般为 1/4 mi，即 402 m)，先到达终点者为优胜者。

3)老爷汽车赛

每年在世界各地都会举行各式各样的老爷汽车赛，人们驾驶各种稀奇古怪的老汽车参赛。与其他汽车赛不同的是，人们参加老爷汽车赛并不是志在夺魁，而重要的是参与和展示。

老爷车是指出厂日期在 20 年以上的汽车，如图 6-20 所示。如 1994 年参加比赛的车必须是 1974 年以前出厂的，资格老的“老爷车”是指 1907 年以前出厂的汽车。一般认为，出厂年份越早，制造数量越少，车子越珍贵。在老爷车比赛中，意大利举行的 Mille Miglia 车赛是最有名的。此项比赛首次在 1927 年举行，到 1957 年因发生重大车祸而停办，到 1977 年又恢复。Mille Miglia 车赛的目的是让博物馆中和个人车库中所收藏的名车开出来参加比赛，其路线是从意大利北部的布里西亚出发到达罗马，再回到布里西亚，全程 1 600 km 左右。

图 6-20　老爷车的一种

4)太阳能汽车赛

太阳能汽车在环境保护和自然能源利用方面存在着巨大优势,日益受到人们的重视,太阳能汽车赛成了这一项新技术的演示会,如图 6-21 所示。以往在澳洲和瑞士进行的比赛较有名气,近两年在日本也频频举行国际太阳能汽车大赛,参加比赛的车队范围很广,分别来自汽车制造厂、电力公司、电器制造商、大学和俱乐部等。

图 6-21　太阳能汽车赛

太阳能汽车赛一般分为两个组别:当代组和未来组。当代组比未来组限制条件多。如 1992 年日本铃鹿太阳能汽车赛要求:当代组汽车太阳能板的总发电量不得大于 800 W,蓄电池只能用铅酸电池;而对未来组的汽车太阳能板的发电量不做限制,只规定该板的尺寸,并且可以使用除铅酸电池以外的各种蓄电池。

5)省油车赛

节油是当代及未来汽车的重要课题,省油车赛就是节油技术的演示会,如图 6-22 所示。日本此类竞赛较多,如 1993 年在铃鹿举行的第 12 届马拉松省油大赛,共有 475 辆赛车在环形跑道上角逐,竞赛的主题是“一升汽油的行驶里程”,其中第一名获得者用 1 L 汽油行驶了 771.3 km(平均车速为 34.3 km/h)。我国台湾省也曾举行过超级省油车大赛,所有参赛车辆都是由各大专院校学生自己装配的。

图 6-22　省油车赛

6)大脚车赛

大脚车被称为最疯狂的运动车。在观众的一片狂呼尖叫声中，一辆大脚车像头狂暴的巨兽，扑向一辆显得有些可怜巴巴的小轿车，伴随着“喀嚓！咯吱！”的声音，碎玻璃闪着耀眼的亮光四处飞溅，瞬间小轿车就被碾扁了；接着它又扑向另一辆轿车，场地上又爆发出一阵山呼海啸般的狂叫……这就是在美国十分叫座的大脚车表演场面，如图 6-23 所示。

图 6-23　大脚车赛

为了迎合人们的要求，大脚车的表演也从单纯地碾碎汽车演变出许多花样来。例如，泥地比赛、沙地拖曳、爬山及运动场里一对一的较量等。

碾碎汽车是怪物大脚车的特长，过去这项表演都是在较慢的速度下进行的。要碾碎一辆辆排成一排的轿车，不像想象得那么简单，压碎的车高低不平，大脚车从上面驶过常常要冒倾覆的危险。为了防止出现这种情况，驾驶员采取的对策是尽可能以高速跃过前几辆车，将后面的车压碎，然后平安冲上跑道，这样更具有刺激性，使观众一饱眼福，各得其乐。

总而言之，许多新技术、新成果被那些喜欢自己动手改装大脚车的爱好者采用。驾驶着改装的大脚车驰骋在一般越野车难以通过的路面上，特别是将一辆辆旧车碾碎及在泥浆中或山地上角逐，所向披靡，乐趣无穷。

7)创速度纪录赛

创速度纪录赛是指在某个场地或路段以单车出发创造最高行驶速度纪录的汽车活动。按汽车发动机的工作容积,分为 A～J 共 10 个级别。历史上著名的创速度纪录汽车主要有下述几辆。

(1)1899 年的"永不满足"号汽车。

人类汽车速度首次突破 100 km/h 的大关是发生在 100 多年前的 1899 年,这部创速度纪录的汽车名为"La Jamais Contente"(永不满足)。"永不满足"号是一辆电动汽车,它由两个电动机驱动,最大功率是 29.4 kW,车重 1 452.8 kg,其中用作动力的蓄电池近 300 kg。"永不满足"号有一个子弹状的流线型外形,4 个车轮露在外面,转向机构为舵柄式结构,由于没有驾驶室,驾车者是暴露在风中完成这历史性的 100 km 时速的。

(2)1927 年的"阳光 1000 HP"号汽车。

1927 年 3 月,该车成为首辆速度超过 300 km/h 的汽车,达到 327.96 km/h。"阳光 1000 HP"号装有两台 V 12 型 22.4 L 发动机,每台 367.65 kW,这两台发动机前后串联安装。此车在美国佛罗里达州的海滩创造此速度时,由于制动器烧坏,在行驶结束时汽车无法停下来,急中生智的驾驶员把它驶进大海中才避免了事故的发生。

(3)1935 年的"青鸟"号汽车。

"青鸟"号的动力是劳斯莱斯 R 型 V12 增压飞机发动机,该机排量为 36.5 L,功率 1 690.5 kW。"青鸟"赛车全长 8.5 m,宽为 2.1 m,共有 6 个车轮,带有空气制动装置,尽管结构复杂,但其驾驶室依旧为敞开式的,如图 6-24 所示。1935 年 3 月,坎贝尔驾驶这辆"青鸟"在硬沙上第一次跑出了 445.4 km/h 的速度纪录。两个星期后,他在美国犹他州的一个干涸的盐滩上,在 19.3 km 的光滑路面上又创造了 484.5 km/h 的速度纪录。

图 6-24 "青鸟"号汽车

(4)1947 年的"雷尔顿"号汽车。

雷尔顿是一个杰出的创速度纪录的汽车设计者,1935 年创造了 484.5 km/h 车速的"青鸟"号就是他设计的。在第二次世界结束以后,雷尔顿重新设计了一辆以他的名字命名的创速度汽车,它装有两台增压型发动机,发出的功率为 1 837.5 kW。该车很好地利用了空气动力学原理,车身形如一滴拉长的泪滴,很符合人们心目中的创纪录汽车形象。1947 年,它又创下了 634.26 km/h 的纪录,这一纪录一直保持到 20 世纪 60 年代。

(5)1970 年的"蓝焰"号汽车。

由于普通汽车的驱动力是借助于车轮与地面的相互摩擦而产生的,驱动力受汽车附着力的制约，速度不能无限地提高，634.26 km/h 的纪录已接近这种汽车的速度极限。为了创造新纪录，必须采用像飞机、火箭那样的喷气式发动机。

“蓝焰”号是为一群瞄准火箭发动机的赛车手设计的，它的发动机为火箭发动机，以氢、氧和液化天然气为燃料，这款发动机仅重 340.5 kg，能产生 9 988 kg 的推力，相当于在 965 km/h 速度时能产生 258 720 kW 的功率。

(6)1983 年的“推进 2 号”汽车。

1983 年，英国人理查德·诺布尔驾驶着一款具有 7 718 kg 推力的“推进 2 号”在一个沙漠内，创下了 1 019.25 km/h 的速度，如图 6-25 所示。在整整经历了 13 年的时间后，人类才把“蓝焰”号创下的 1 000.79 km/h 的成绩微微提高了 18.46 km/h。

图 6-25　“推进 2 号”汽车

(7)1997 年的“超音速推进号”汽车。

1997 年 10 月 15 日，在美国内华达州黑石沙漠，英国人理查德·诺布尔设计的“超音速推进号”高速汽车，如图 6-26 所示，在英国皇家空军歼击机驾驶员安德鲁·格林的驾驶下创造了 1 227.99 km/h 的超音速新纪录。

图 6-26　“超音速推进号”汽车

三、汽车俱乐部

随着世界汽车工业的不断发展和人们对汽车的需要和兴趣，各种形形色色的汽车俱乐部也相继诞生。汽车俱乐部不生产具体的产品，它所提供的产品是一种服务。对于一个综合性汽车俱乐部而言，这种服务又分为生产型服务和生活型服务。生产型服务是指俱乐部为会员提供各种对车辆和车主本人的有关车辆的服务，它的目的是为广大会员解决在使用车辆的过程中所产生的实际困难；而生活型服务则是以会员为主体的各种休闲、娱乐和交友服务。汽车俱乐部是经营汽车文化的重要形式，它促使汽车文化愈加繁荣丰富。

1. 汽车俱乐部的产生

汽车俱乐部已有百年以上的发展历史。1895 年 10 月中旬，美国《芝加哥时报》在“车坛风云”专栏上发表了赛车运动员查尔斯·布雷迪·金格建议成立汽车俱乐部的一封信，成为车迷和驾驶员议论的热门话题。1895 年 11 月 1 日，由《先驱者时报》主办的汽车大赛在芝加哥开幕，全国各地很多驾驶员都赶来参加比赛。其中，有 60 名驾驶员在一家酒店聚会，他们赞成金格的倡议而发起成立了美国汽车联盟，这是世界上最早的汽车俱乐部。同年 11 月 12 日，法国汽车驾驶员则以巴黎普拉斯·德罗佩拉大街 4 号作为活动总部，成立了法国汽车俱乐部。同年 11 月 29 日，美国汽车联盟召开第二次会议，选举产生委员会并通过了活动宪章，旨在利用举办报告会等形式，向会员传授汽车工程最新技术，通报汽车大赛动态，并为他们提供紧急救援和法律咨询服务，以保障机动车会员的各种合法权益。随后，欧美各国都相继成立了为车主和驾驶员服务的汽车俱乐部，使汽车融入了人们的交通生活。

2. 汽车俱乐部的发展

随着私人购车比例的大幅度增加，越来越多的私家车主不断地涌现。汽车使用过程比较复杂，车主会遇到许多问题，如与车主相关的驾照年审、安全学习、转籍过户等，与车辆相关的日常维护、修理、年检、事故处理，以及交纳车船税、办理车辆保险等。另外，汽车行驶途中，也可能发生故障。上述种种问题无不困扰着车主，为了让广大车主摆脱这些烦恼，从而使得有车的生活真正变得轻松，服务于驾车人士的汽车俱乐部不断地涌现。

汽车俱乐部是以会员制的形式，将社会上高度分散的汽车组织到一起，通过发挥规模效应和服务网络的优势，给会员车辆提供单车和小单位很难办到的一些服务，从而给会员带来诸多方便和实惠，而俱乐部本身也从会费中取得一定收益的双赢项目。随着会员人数的不断增多，俱乐部服务的范围也在不断扩大，金融、保险、房地产、汽车生产厂都开始与俱乐部联系。

如今汽车俱乐部在发达国家早已盛行，并且形成一个非常大的行业。据统计，世界各国汽车俱乐部的会员总数至少 2 亿人。其中规模最大的当数美国，在全国 9 000 万驾车人中，已有 4 200 万人成为会员。俱乐部这个组织形式不仅创造了大量就业岗位，而且每年营业额也很可观，如澳大利亚悉尼俱乐部有会员 200 万人，每年营业额达 40 亿美元。

3. 各国汽车俱乐部介绍

(1)美国汽车协会(AAA)是世界上最大的汽车俱乐部，它是仅次于罗马天主教会的世界第二大会员组织，也是世界上最大的“美国快速旅行支票”的销售者。AAA 为其遍布美国及加拿大的 3 900 万会员提供路边帮助，实施信息咨询及其他服务，AAA 的成员驾驶着在美国道路上行驶的所有轿车的 20%。AAA 是一个非营利性社团，下属 139 个分支机构，各自独立地经营汽车俱乐部。AAA 在全美范围内，向人数庞大的会员们卖出了数以千万美元计的信用卡、旅行支票、保险单、行李票等，其初衷是服务于驾车者。此外，AAA 还促进了拉力赛和其他一些汽车竞赛，以显示各型新车的可靠性。

(2)澳大利亚汽车俱乐部创建于 1905 年，目前已发展会员近 600 万人。澳大利亚有 7

个国营的汽车俱乐部，每年提供537万次道路紧急救援服务。从1991年起，全国统一启用提供道路服务的单一号码系统——131 111，随时沟通待援者与救援中心的联系。救援服务除对在路上或家中发生机械故障的汽车提供帮助以外，还提供更换车轮、解决陷入沼泽、塞车、油料耗尽等问题的服务。在澳大利亚，平均每个会员每年有一次要求提供救援服务。由于澳大利亚汽车俱乐部具有良好的财政基础，由训练有素的工作人员提供出色的服务，采用先进的技术，给会员提供适合其要求的高标准产品，因而取得了成功的经验。

(3)德国汽车俱乐部全称是全德汽车俱乐部，其德语的缩写为“ADAC”，每年会费只需73马克(1马克≈4.30元，以具体汇率为准)，对于大学生或是有驾照的残疾人，会费还可减半。一旦成了ADAC的成员以后，那么，行驶在德国任何地方甚至在欧共体其他国家，都不用为车坏了怎么办而发愁。按照规定，会员在车外出抛锚后只需打一个电话，ADAC很快即派人帮会员排除故障。在修理时更换部件的费用全由会员自付，而修理工时费不得超过200马克。如果会员的车已无法就地修复，ADAC可帮会员在把车拖回家，而会员在支付的托运费最高不超过300马克。ADAC除了拥有众多的普通成员外，还有一种高级会员。高级会员每月交纳139马克的会费，但享受的待遇也好得多。例如，当高级会员驾车行驶在法国等地而遭遇车祸，他们的汽车会有人负责运回，在车上的家属可免费回德国得到治疗。所有会员每月可得到一期ADAC的杂志，杂志中的大部分内容是介绍维护修理汽车的经验。这本名为《ADAC——发动机世界》的杂志发行量达1 300万份，是德国发行量最大的刊物。

(4)中国汽车俱乐部的出现始于1995年建立的北京大陆汽车救援中心，即现在的北京恩保大陆汽车俱乐部(CAA)。

中国已进入一个汽车拥有率迅速上升的时期。汽车销量的大幅增长，意味着方兴未艾的汽车俱乐部业将是一个蕴藏无限商机的新兴产业。由于处于发展初期，而且各自的经营理念和发展方向不同，中国目前的汽车俱乐部形式多样，但主要可以划分为以下类型：一是以为车主提供具体服务为主的，以救援为龙头，并带动相关售后服务等，如北京“大陆”、福建“迅速”等。二是专门做售后服务的，如武汉“绿岛”。三是与文化、沙龙及公益活动相结合，带有一定的协会性质，如全国唯一的一家在民政部门注册成功的北京“爱车俱乐部”。四是以旅游、越野、赛车等兴趣或职业特征为主的，如“风鸟”、“摄影家”等。五是以企业、品牌等设立的俱乐部，如法拉利汽车俱乐部、大众俱乐部等。当然，也有集上述特色于一体的综合性俱乐部，不少大型俱乐部在尝试这种模式。

四、世界十大汽车城

1. 美国底特律

美国底特律位于密歇根州东南部的底特律河畔，与加拿大安大略省的温莎隔河相望，是世界最大的汽车工业中心，号称“世界汽车之都”。底特律河穿过闹市区，河畔耸立着一座72层的建筑物，即“复兴中心”。它是汽车城底特律的象征。美国通用汽车公司、福特汽车公司和克莱斯勒汽车公司的总部都在此地。全美1/4的汽车产于这里，全城442万人口中约有91%的人靠汽车工业为生。汽车制造业为城市工业的核心部门，与汽车制造业有关的钢铁、仪表、塑料、玻璃及轮胎、发动机等零部件生产也相当发达，专业化、集约化程度很高；汽车年产量约占全国的1/4；从业人口近20万人，约占全市职工总数40%以上；市内有福特、通用、克莱斯勒和阿美利加4家美国最大的汽车制造公司的总部及其所属企业。

2. 日本丰田市

此城原名爱知县，因丰田公司建于此而闻名于世，有“东洋底特律”之称。全城从业人员均服务于丰田公司，年满20岁的职工即可分到1辆丰田汽车。丰田市的出口港是名古屋，建有世界第一的最高容量为5万辆的丰田汽车专用码头。丰田市总人口695.5万人，其中丰田汽车公司及其子公司的人员、家属占62%。丰田公司有10座汽车厂，生产几十个系列的轻重型汽车。此外，它还有1 240家协作厂。全公司每个职工平均年产值13万美元，居世界之首。

3. 德国斯图加特

斯图加特是德国西南重镇，它位于内卡河中游河谷地带，是巴符州首府，面积207 km^2，全城人口60万人。斯图加特每年要接待14万来自世界各地的汽车用户和汽车商及参观旅游的人，誉满全球的“奔驰”和“保时捷”汽车就是在这里生产的。

著名的奔驰和保时捷公司的总部都设在这里。奔驰汽车制造业是斯图加特的主体工业，在斯图加特几乎家家都有奔驰车。参观奔驰、保时捷博物馆和奔驰汽车制造厂是游客游览斯图加特的重要内容。

4. 意大利都灵

都灵是意大利最大的汽车集团菲亚特公司总部所在地，全城有120万人口，其中30多万人从事汽车工业，每年生产的汽车占意大利总产量的75%。1899年，菲亚特公司在都灵创立，成为意大利第一个汽车公司，现发展为世界第七、欧洲第二大汽车厂商，年产量达到200多万辆。菲亚特汽车的特点是技术先进，造型美观，装备齐全。

5. 德国沃尔夫斯堡

大众汽车公司所在地沃尔夫斯堡市也称狼堡，位于德国下沙克森州，总面积310 km^2，人口约13万人。欧洲最大的制造厂商——大众集团总部就坐落于此。自从大众集团1934年成立以来，带动了城市的发展；1938年，该市作为德国当时现代化的汽车城而兴建起来，开始逐步成为德国北部的工业重镇和欧洲最大的汽车制造中心。现在狼堡市民中的40%都在大众汽车厂上班，大众集团在狼堡的员工达5万人。

6. 日本东京

东京是日本的首都，也是世界最大的城市之一。著名的汽车公司日产、本田、三菱、五十铃公司总部均设在此地。日产公司在东京的雇员总数近13万人，公司可年产汽车320万辆。本田公司雇员总数达11万人左右，年汽车产量已高达约300万辆。

7. 法国巴黎

巴黎，除了它举世瞩目的浪漫、时尚奢侈品外，也以总部设在此的法国最大汽车集团公司——标致-雪铁龙公司而闻名。标致汽车公司创立于1890年，创始人是阿尔芒·标致。1976年，标致公司吞并了法国历史悠久的雪铁龙公司，从而成为世界上一家以生产汽车为主，兼营机械加工、运输、金融和服务业的跨国工业集团。标致汽车公司的总部在法国巴黎，汽车厂多在弗南修·昆蒂省，雇员总数为11万人左右，年产汽车220万辆。

8. 英国伯明翰

利兰汽车(Leyland)公司所在地，是仅次于伦敦的英国第二大城市。该市市区面积256平方公里，人口26.5万人。如今的伯明翰是英国的汽车城，世界各大汽车生产厂商在这里都设立了公司，使它的工业产值占全国工业产值的1/5，并享有“世界车间”之美称。

9. 德国吕塞尔海姆

吕塞尔海姆是美国通用汽车公司最大的海外子公司——亚当·欧宝汽车公司总部所在地，欧宝是通用在欧洲最大的子公司。欧宝汽车公司有雇员人数5.9万人，年产量100多万辆。2000年，欧宝投资15亿欧元在欧宝原厂旁边兴建新工厂。经过仅仅两年的建设，吕塞尔斯海姆新工厂于2002年1月7日投产。欧宝吕塞尔斯海姆工厂目前拥有18 300名工人，其中生产工人4 500人，开发设计人员7 000多人，其余为管理人员，最高日产量可达1 100台。

10. 法国比扬古

雷诺汽车公司所在地比扬古地处塞纳河河畔的布洛涅森林之南，人口约10.3万人。第二次世界大战期间，雷诺为德国法西斯生产武器和军火，1944年9月被法国政府接管，路易·雷诺被惩处，1945年收归国有。从1970年起，公司允许雇员购买公司股票，但最高不能超过25%，此后，公司迅速恢复和发展，逐步实现了经营多样化。

CHAPTER 7

第七章

汽车与时尚

一、汽车的外形

1. 影响汽车外形的因素

确定汽车外形有三个基本要素，即机械工程学、人机工程学和空气动力学，汽车外形的发展就是这三要素的协调发展。前两个要素在决定汽车构造的基本骨架上具有重要意义，特别在设计初期，汽车外形受这两个要素的制约更大。

对汽车最主要的要求是能够行驶和耐用，以此为前提，首先必须考虑到机械工程学的要素，包括发动机及变速器内部结构的设计。

要使汽车具有自动行驶功能，必须安装发动机、变速器、车轮、制动器、散热器等装置，而且要考虑把这些装置安装在车体的哪些部位才能使汽车更好地行驶。这些设计决定之后，可根据发动机、变速器的大小和驱动形式确定大致的车身骨架。如果是大量生产，则要强调降低成本，车身钣金件冲压加工的简易化，同时兼顾到维修简便性，保证发生撞车事故后的车身要易于修复。上述这些都属于机械工程学的范畴。

其次，要考虑人机工程学要素。汽车应确保驾乘人员的空间，保证其乘坐舒适性及安全性，还应保证驾驶方便，并尽量扩大驾驶员的视野。此外，还要考虑上、下车方便并减少振动。这些都是设计车身外形时与人机工程学有关的内容。

以上两个要素决定了汽车的基本骨架，也可以说是来自汽车内部对车身设计的制约。在确定汽车外形的时候，来自外部的制约条件即空气动力学要素则更为重要。

高速行驶的汽车必然会受到空气阻力。空气阻力的大小大致与车速的平方成比例。因此，必须在车身外形上作相应的改进，以尽量减小汽车行驶时的空气阻力。空气阻力分为由汽车横截面面积所决定的迎风阻力和由车身外形所决定的形状阻力。除空气阻力外，还有升力问题和横风不稳定问题。这些都是与汽车造型密切相关的空气动力学问题。

要将上述三要素完美地体现在一辆汽车上是相当困难的。比如，仅仅考虑使汽车能行驶，即机械工程学要素，就可能把座椅置于发动机上面，但驾驶员操作不便。如果把汽车设计得像装着4个轮子的住宅，虽然宽敞、舒适，但空气阻力太大，不可能高速行驶。如果把汽车设计成皮艇那样的外形，空气阻力虽然很小，但发动机的位置及驾乘人员的空间又受到影响。综上所述，自汽车问世以来，人们就一直在追求满足功能要求的理想造型。

当然，汽车并不仅仅是根据上述三要素设计的，还要考虑其他因素。例如，商品学要素对汽车的设计就有一定的影响。从制造厂商的角度出发，使汽车的外形能强烈刺激顾客的购买欲是最为有利的。但是无视或轻视前面所述的三个基本要素，单纯取媚于顾客的汽车造型是不长久的，终究要被淘汰。此外，每个国家、每个厂家，甚至某个外形设计者都有各自追求的特色，这对汽车造型也有不小的影响。比较美国和意大利的汽车外形，就能感受到两国风土人情和传统方面的差异。同一国家的不同厂家也各具自己的风格。但这都不是决定汽车外形的根本因素，只是表现方法上的微妙不同而已。

汽车诞生100多年来，汽车外形经过了马车形、箱形、甲壳虫形、船形、鱼形、楔形和子弹头形等的演变过程。

2. 马车形汽车及箱形汽车

1）马车形汽车

从19世纪末到20世纪初，世界上相继出现了一批汽车制造公司，除戴姆勒和本茨各自成立了以自己名字命名的汽车公司外，还有美国的福特公司、英国的罗尔斯·罗伊斯公司、法国的标致和雪铁龙公司及意大利的菲亚特公司等。当时，人们的主要精力集中在不断改进汽车的机械结构方面，即想办法让汽车行驶起来速度快、操纵稳定；而在车身造型方面还没有专门的设计人才，各汽车公司的汽车外形基本上沿用了马车的造型，而且都是敞篷的，还要在马车上加装动力系统，因此，当时人们把汽车称为无马的“马车”。

当时的马车形车身与我国古时的兵车车身并无本质上的区别，一般都是敞篷和活动式布篷，很难抵挡风雨的侵袭，给乘坐者带来了极大的不便，如图7-1和图7-2所示。直到1908年福特推出T型车，此款车的车身由原来的敞开式改为封闭式。封闭式马车形汽车的舒适性、安全性都有了很大提高。

图7-1　1893年的马车形奔驰牌汽车

图7-2　1903年的福特A型汽车

2）箱形汽车

随着发动机技术的发展和汽车传动装置的改进，汽车的速度也逐渐提高，但车速提高后，迎面风强，阻力大，难挡大风大雨的袭击。为了给驾乘人员提供更好的乘车环境，避免其受风吹、日晒、雨淋，设计师设计出了封闭式汽车即箱形汽车。箱形车功率仅为 1～2 hp（1 hp=735.5 W），只能乘 2～3 人。由于此款车形状像木箱，车室又很高，酷似轿子，所以“轿车”的名称由此而得。这种形状的轿车目前只能在汽车博物馆里见到。

1896 年，法国人路易斯·雷纳·潘哈德（Louis Rene Panhard）和埃米尔·拉瓦索（Emile Levassor）制造了世界上首辆封闭式汽车，如图 7-3 所示。

箱形汽车重视了人机工程学，内部空间大，乘坐舒适，有“活动房屋”的美称，但是，随着人们对车速的要求越来越高，箱形汽车空气阻力大的问题随之暴露出来。“大箱子”在很大程度上妨碍了汽车的前进速度。于是工程师们开始考虑降低车的高度来减小空气阻力。随着车顶高度的降低，前窗玻璃不断变窄，不但影响前方的视野，乘员也感到十分憋闷，后来人们放弃了降低高度提速的做法，而通过提高功率的办法来克服空气的阻力。这样一来，发动机由单缸变成四缸、六缸及八缸，而且汽缸是一列排开，因而发动机罩也随之变长。当时，曾认为发动机罩越长，功率越大，车速越大。甚至出现不少故意把发动机罩夸张加长的汽车，如图 7-4 和图 7-5 所示。这种“长头”汽车于 1920 年、1930 年前后达到高潮，之后由于 V 形排列的发动机出现便很快消失了。1929 年的布加迪皇家 4L 型系列轿车就是这类长头车的典范，如图 7-6 所示。

图 7-3　世界上首辆封闭式汽车

图 7-4　1929 年的劳斯莱斯鬼怪 L 型汽车

图 7-5　科特 L-29 汽车

图 7-6　布加迪皇家 4L 型汽车

仅靠增加发动机的缸数并不能从根本上解决问题，于是人们又开始研究一种新的汽车外形，即流线型。

3. 流线型汽车

1934 年，流体力学研究中心的雷依教授采用模型汽车在风洞中试验的方法测量了各种形状车身的空气阻力，这是具有历史意义的试验。1934 年，美国的克莱斯勒公司首先采用了流线型的车身外形设计。流线型汽车主要有以下几类。

1）甲壳虫形汽车

箱形汽车时代的后期，人们逐渐认识到空气阻力的重要性。1920 年，德国科学家保尔·亚莱发现前圆后尖的物体所受空气阻力最小，从而找到了解决阻力的途径。通过试验证明，物体所受空气阻力的大小与物体的形状、迎风面积和前进速度有关。汽车的空气阻力除与迎风面积和车速有关外，还与汽车的纵剖面形状有关，越呈流线型，汽车的正面阻力和后面涡流就越小。因此，许多学者致力于汽车车身空气动力学的研究，并将研究成果用于汽车的设计和生产中。

1934 年，美国克莱斯勒汽车公司生产的气流牌轿车首先采用流线型车身，如图 7-7 所示。该车在最初展出时便遇到麻烦，由于设计周期长而引起“设计有问题”的传言，再加上汽车的外形超越了当时的审美观很难被人们所接受，在销售时遭到惨败，但该型汽车的诞生宣告汽车流线型造型时代的开始。

1936 年，福特汽车公司在气流牌轿车的基础上加以精炼并吸收商品学要素，成功地研制出林肯·和风（Lincoln-Zephyr）牌流线型轿车，如图 7-8 所示。此车精致并具有动感，俯视整个车身呈纺锤形，很有特色。

图 7-7　克莱斯勒气流牌轿车

图 7-8　林肯·和风牌轿车

流线型汽车的大量生产是从德国甲壳虫形汽车开始的。

1937 年，德国设计天才费迪南德·波尔舍开始设计类似甲壳虫外形的汽车。1939 年 8 月 15 日，第一批甲壳虫形汽车问世，如图 7-9 所示。大众汽车公司的甲壳虫形汽车开创了流线形汽车大批量生产的先河。

但是，甲壳虫形汽车的乘员活动空间狭小，且稳定性受横向风力的影响较大。其主要原因是甲壳虫形汽车发动机后置，汽车质心后移，与箱形汽车相比，侧向风压中心作用在汽车质心的前面，侧向风力相对于质心所产生的力矩加剧了汽车侧偏的倾向。

2）船形汽车

1949 年，福特汽车公司推出了具有历史意义的 V8 型福特汽车，如图 7-10 所示。这种车形改变了以往汽车造型的模式，将前翼子板和发动机罩、后翼子板和行李舱罩融为一体，大灯和散热器罩也形成整体，车身两侧形成一个平滑的面，驾驶室位于车的中部。因为这种汽车的车身造型颇像一只小船，所以人们称它为船形汽车。

船形汽车不论从外形上还是从性能上都优于甲壳虫形汽车，并且由于船形汽车发动机前置，使汽车质心相对前移，加之行李舱较大，使风压中心位于汽车质心之后，进而较好地解决了甲壳虫形汽车对横向风力不稳定的问题。

图 7-9　甲壳虫形汽车

图 7-10　福特牌 V8 型汽车

船形汽车存在的问题是由于车的尾部过分地伸长，形成了阶梯状，高速行驶时会产生较强的空气涡流，影响车速的提高。

3）鱼形汽车

为了克服船形汽车速度难提高这一缺陷，人们又设计出形状如鱼的脊背的鱼形汽车。1952 年，美国通用汽车公司的别克牌轿车开创了鱼形汽车的时代，如图 7-11 所示为其生产的鱼形轿车。

鱼形汽车是由船形汽车演变而来的，所以具有船形汽车的优点。同时，鱼形汽车和甲壳虫形汽车的背部很相似，但二者之间也存在差异，鱼形汽车的背部和地面所成的角度比较小，尾部较长，围绕车身的气流也就较为平顺些，所以涡流阻力也相对较小。鱼形汽车也存在着一些致命的弱点：一是由于鱼形车的后窗玻璃的倾斜角度过大，致使玻璃的表面积增大 1～2 倍，强度有所下降；二是当汽车高速行驶时，升力较大，因而其平稳性较差。

鉴于鱼形汽车的缺点，设计师将鱼形汽车的尾部设计成上翘的“鸭尾巴”形状，以此来克服一部分空气的升力，这便是鱼形鸭尾式的汽车造型，如图 7-12 所示。

图 7-11　1952 年的鱼形别克牌轿车

图 7-12　鱼形鸭尾式汽车

4）楔形汽车

鱼形鸭尾式车型虽然部分地克服了汽车高速行驶时空气的升力，但却未从根本上解决鱼形汽车的升力问题。为了较好地解决鱼形汽车的升力问题，人们又开始了艰难的探索，设计师最终找到了一种新的汽车造型——楔形，即出现了楔形汽车。

楔形汽车车身前部向下方倾斜，形成风压，以防止车轮发飘，尾部如刀削般平直，整体状如楔子。这种汽车造型有效地克服了高速行驶时所产生的升力，成为人们理想的高速汽车造型。

1963年,阿本提首次按楔形设计了汽车外形,此设计得到了专家们极高的评价,如图7-13所示为楔形阿本提轿车。阿本提的楔形设计于1966年和1968年分别被奥兹莫比尔公司和凯迪拉克公司采纳、继承、发展。如图7-14所示为1966年采用楔形设计的奥兹莫比尔汽车。

楔形汽车造型后来在跑车和赛车上被广泛采用。因为赛车首先考虑流体力学(空气动力学)等问题对汽车车速的影响,车身可以完全按楔形制造,如图7-15所示为20世纪80年代的意大利法拉利跑车,就是典型的楔形造型。

楔形造型对于目前的高速汽车来说,无论是从其造型的简练、动感方面,还是从其对空气动力学的体现方面,都比较符合现代人的主观要求,具有极强的现代气息,给人以美好的享受和速度的快捷感。日本丰田汽车公司的MR2型中置发动机跑车(尾部装有扰流板)如图7-16所示,它是楔形汽车中具有重要意义的代表车型。

图7-13 1963年的楔形阿本提轿车

图7-14 1966年奥兹莫比尔楔形汽车

图7-15 法拉利208GTB

图7-16 丰田MR2跑车

1968年,通用公司的奥兹莫比尔·托罗纳多改进和发展了楔形汽车,改进后的楔形汽车造型被凯迪拉克高级轿车埃尔多采用。

楔形汽车对一般轿车也只是一种准楔形,绝对的楔形汽车造型是会影响车身的实用性(乘坐空间小)的。因此,除一些跑车、赛车采用楔形车身外,绝大多数实用型轿车都是采用船形和楔形相结合的方案,它较好地协调了乘坐空间、空气阻力和升力的关系,使实用性与空气动力性较好地结合起来。

5)子弹头形汽车

汽车外形发展到楔形以后,升力问题基本上得到了解决。当汽车的升力问题基本解决以后,人们又从改变汽车的基本概念上做起了文章。一种新型的汽车——多用途轿车(multi-purpose vehicle,MPV;或all-purpose vehicle,APV)问世了,由于这种车的造型酷似子弹头,因此,在我国,人们将其俗称为子弹头形汽车,而在国外,消费者则将其称为蛋形汽车。

最早推出的多用途汽车是法国雷诺公司生产的雷诺 Espace 牌汽车，但未能引起广泛的注意，直到克莱斯勒汽车公司将多用途汽车作为其一代旗舰产品加以推广后，才家喻户晓。进入 20 世纪 80 年代以后，克莱斯勒汽车公司道奇分部和顺风分部先后推出了航海家(Voyager)和商队(Caravan)两种新型汽车，分别如图 7-17 和图 7-18 所示。尽管这两种汽车仍是轿车外形，但其车身造型却一改轿车传统的二厢或三厢式结构概念，在小型客车(面包车)车型概念的基础上进一步延伸发展，使之成为既具有轿车的造型风格、操纵性能和乘坐性能，又具小客车的多乘客和大空间的优点，成为集商务、家用和旅游休闲等功能为一体的多用途车 MPV。

此种车型一问世，马上引起了消费者的极大兴趣，销售形势非常乐观。后来，为了商业竞争的需要，通用、福特、丰田、雷诺、戴姆勒-奔驰等汽车公司先后推出了自己的 MPV，使此种类型的汽车形成了一股强大的势力，占据了一定的市场份额。如图 7-19 和图 7-20 所示分别为 2005 款克莱斯勒 MPV 大捷龙子弹头形汽车和奔驰 MPV 唯雅诺子弹头形汽车。

图 7-17　克莱斯勒航海家 Voyager 汽车

图 7-18　1984 年克莱斯勒商队 Caravan 汽车

图 7-19　2005 款克莱斯勒大捷龙

图 7-20　奔驰 MPV 唯雅诺

MPV 不但在外形设计上集流线型与楔形的优点于一身，而且在制造加工上引进了当今航空航天的先进技术。此种造型表现出了未来主义的艺术倾向，线条流畅，色调温和，动感性强，具有鲜明的时代气息和时尚风格。由于 MPV 的前风窗玻璃倾斜度很大，外形圆滑，因此风阻系数很小(小于 0.3)，非常有利于车速的提高。

二、汽车的色彩

色彩一直是人们所探索的亘古不变的主题，随着汽车工业的发展和汽车数量的不断增加，汽车色彩对城市道路的美化、对人们的精神感染力已成为不容忽视的问题。此外，研究驾驶员的色觉从而为他们提供舒适安全的操作环境也十分重要。现在，汽车车身颜色已告别单一，走向多元。汽车外观在一片姹紫嫣红中已逐渐失去了它的钢铁本色。

1. 汽车车身颜色的种类及其特性

(1)银灰色。这种颜色的汽车是最能反映汽车本质的颜色。银灰色具有金属的质感，给人以整体感很强的感觉，银灰色也很具有科技感。更深一些的银灰色，则显得很炫酷。银灰色比较耐脏，在多尘的环境中适应性很强。但银灰色和路面的颜色比较接近，银灰色汽车不醒目，尤其是在视线不太良好的天气，增加了驾驶的危险性。银灰色汽车最具人气，主要代表车型有宝马三系、大众高尔夫。

(2)白色。白色给人以明快、活泼、纯净的感觉，白色是中性色。白色汽车在炎热的夏季能反射光线，在北方多尘的天气里也比较耐脏，其缺点是在使用几年之后，白色漆会逐渐氧化而变得发黄。近年来流行的珍珠白色、珠光白色具有很强的质感，也不易褪色。另外，白色是膨胀色，使体积较小的汽车显得较大。在日本，20 世纪 80 年代，有白色汽车代表高级汽车的说法，白色车的销量曾经占到总销量的 70%。白色汽车主要代表车型有：大众尚酷、本田思域。

(3)黑色。黑色代表保守和自尊，代表新潮和性感，给人以庄重、尊贵、严肃的感觉。黑色也是中性色，容易与外界环境相吻合，但黑色汽车车身不耐脏，有一点灰尘就能看出来。黑色一直是公务车最受青睐的颜色，高档黑色汽车显得气派十足。

(4)红色。红色包括大红、枣红，这种颜色给人以跳跃、兴奋、欢乐的感觉。红色是放大色，同样可以使小车显得体积很大。跑车或运动型车非常适合采用红色车漆，众所周知的法拉利红，是意大利人热情奔放的象征。红色还具有很强的警告作用，因此被用作消防车的标准涂装。稍暗的红色则更适合于普通街车，并且很讨年轻女性用户喜欢。红色汽车的代表车型主要有法拉利、标致 307 等。

(5)蓝色。蓝色是天空和大海的颜色，代表了一种从容、淡定，浅蓝色更给人以宁静的感觉。因此，浅蓝色也是环保的象征，深蓝色则具有稳重的特质。不过，蓝色色系的汽车在国内并不多见，除了几个走时尚路线的亮蓝色小型车外，中大型车多以藏蓝色为主。蓝色汽车的代表车型主要有丰田 FJ 酷路泽、马自达 6 等。

(6)黄色。黄色给人以欢快、温暖、活泼的感觉。黄色是扩大色，在环境视野中很显眼，跑车和小型车采用黄色非常适合。出租车和工程抢险车都使用黄色漆，一是便于管理，二是便于人们发现。但私家车选用黄色的不多。主要黄色代表车型有兰博基尼、福特新嘉年华等。香槟色是黄色派生出来的金属漆颜色，现在非常流行。阳光下会散发着黄金一般的迷人光彩。浅香槟色具有雍容华贵的感觉，常见于一些高档座驾，而较深的香槟色则以沃尔沃的古铜色为代表。香槟色代表车型主要有大众汽车的 CC、沃尔沃 XC60 等。

(7)绿色。浅淡且颜色鲜艳的绿色有较好的可视性，这是大自然中森林的色彩。驾驶具有绿色金属漆的牧马人 SUV 汽车，则更显得具有回归自然的意境。现在，在微型车领域，绿色车漆也一改以前邮政车般僵硬的色调，以偏暖的荧光绿等形式出现，使得汽车极具个性。绿色代表车型主要有 JEEP 牧马人、雪佛兰乐驰等。

2. 汽车车身颜色与安全

汽车颜色和安全行车有很大的关系。因为颜色本身具有收缩性和膨胀性，相同体积的物体，会因不同颜色产生体积大小不同的感觉，如红色、黄色具有膨胀性，称膨胀色；蓝色、绿色具有收缩性，称收缩色。如果有红色、黄色、蓝色、绿色共 4 辆汽车与观察者保持相同的距离，在视觉上观察，红色车和黄色车离观察者近一些，而蓝色和绿色的轿车离观察者较远一些。

有统计表明，在发生事故的轿车中，蓝色和绿色占最多，黄色的最少。银灰色汽车车身不但看上去有品位，而且银灰色是浅颜色中最能避免车祸的，特别是在晚上，这种颜色可以反射灯光光线，更容易令其他周围驾驶人注意到。

汽车内饰的颜色选择也同样影响着行车安全，因为不同的内饰颜色选取对驾驶员的情绪具有很大的影响。采用明快的内饰配色，能给人以宽敞、舒适的感觉；红色内饰容易引起视觉疲劳；浅绿色内饰可放松视觉神经。

3. 汽车车身色彩流行趋势

流行色彩是指在一定的时期内被人们广泛采用的颜色。汽车的“流行色”与服装的“流行色”一样，具有时间性、区域性和层次性。汽车流行色彩有其自身的发展规律，追求新鲜感是流行色彩的原动力。大量的资料表明，汽车的流行色彩呈现周期性的变化，其新鲜感周期大约为一年半左右，交替周期大约是三年半左右。

通用汽车公司的设计部门有一个高度专业化的小组，他们的工作就是预测颜色的流行趋势。通过对通俗文化、经济趋势及其他行业消费模式的研究，这个小组必须对哪种颜色会流行作出判断，然后，他们必须根据这种判断，设计出全新的汽车车身颜色。

各大汽车公司都在努力开发高科技含量的末道漆工艺，这种工艺能让汽车更加好看，在未来也会成为最流行的汽车涂装工艺。通用汽车公司的做法是在车身涂料中加入微小的金属片，这样，车身在不同角度光线下会呈现不同的颜色。这一技术首先应用在凯迪拉克新款DTS轿车上，该款车的钛灰色在不同角度会呈现出绿色或者紫罗兰色。

4. 汽车车身颜色的命名

汽车色彩的名称取得都很悦耳，通常以著名地名或形似色进行命名，如宝石蓝、富贵黄、皓白、蔷薇红、更射银、元黑等。因此，汽车颜色的命名显得很有文化底蕴，而且各种品牌车型都有自己的车身颜色谱系。

常见汽车车身颜色命名如表7-1。

表7-1　常见汽车车身颜色命名

颜　色	名　称
红色	波尔多红、法拉利红、庞贝红、火焰红、印第安红、瑞丽红、卡罗拉红
绿色	威尼斯绿、云杉绿、碧玺绿、典雅绿
白色	极地白、钻石白、塔夫绸白、糖果白
黄色	香槟金、依莫娜黄、丰收金、未来黄
银色	水晶银、金属银、丝缎银
灰色	宇宙灰、金属灰
蓝色	勒芒蓝、领袖蓝、太空蓝、水恒蓝、温莎蓝、峡湾蓝
黑色	魔力黑、元黑

三、汽车广告

汽车广告（见图7-21）作为汽车营销的手段，是打开汽车市场之门的助推器，为了抢夺汽车市场，各大汽车公司越来越重视在广告方面的投入。精彩纷呈的汽车广告，不但承载着汽车市场的竞争，同时它的趣味性、创新性也处处体现了汽车文化的魅力所在。

图 7-21　斯巴鲁汽车广告

汽车广告的形式有很多种，包括户外广告（见图 7-22）、电视广告、网络广告、杂志、报纸等。不同形式的汽车广告有着不同的特点，因此，汽车公司通常会采用多种广告方式去宣传同一款车型。

图 7-22　MINI 户外广告

动感十足的电视广告可以表现其与众不同的车型和动力性能；报纸、杂志则能够详细介绍车辆的各种参数和相关配置；户外广告可以突出整车作为高档商品所独有的非凡气势；网络广告是一种速度快、效果好的高科技广告运作方式，与其他形式相比具有得天独厚的优势，是实施现代营销媒体战略的重要部分，因此越来越受到汽车厂家的青睐。2010 年，美国汽车行业的网络广告投入比 2009 年增加了 13.9%，达到了 28.4 亿美元。

1. 汽车广告语

一条好的汽车广告宣传语，不但能深入人心，而且对打开市场、扩大销量有着极其巨大的作用。许多汽车品牌常常为一条好的广告语而绞尽脑汁。

现在多数汽车广告虽只有几个字，但却表达了汽车最核心的东西。这些广告语都有着不同的市场定位和诉求，因此，也更容易打动消费者。

“车到山前必有路，有路必有丰田车。”这则广告语被大家记住的同时，也让丰田车开到了中国的大街小巷。

“拥有桑塔纳，走遍天下都不怕”——上海大众桑塔纳以这条通俗的广告让人心里踏实，因为其背后有上海大众遍布全国各地的维修服务网络作为支撑。

“走富康路，坐富康车”——瞄准家庭轿车市场的富康汽车的广告词。

“坐红旗车，走中国路”——红旗汽车的广告语告诉人们，这是中国人自己的车，是民族的骄傲。

显然，一句与消费者价值观产生共鸣的广告语，将会增强消费者的好感，使其所代表的品牌为消费者所熟知，进而达到品牌和形象的传承。因此，一个广告语被消费者接受，惠及的是汽车，乃至整个品牌。

2. 汽车广告的侧重

1)反映汽车文化

通过广告语宣传汽车文化最典型的当属美国车系了。汽车在美国已经有上百年的历史，现在美国人可以把汽车驶入“汽车饭店”享受美食，把汽车停放到“汽车电影院”(见图 7-23)观赏电影，旅游时还有汽车能栖息的“汽车旅馆”……汽车已经渗透到美国人生活的方方面面，包括文化。难怪有人说，当今世界上，几乎没有一个国家没有汽车，但是没有一个国家形成了像美国那样的汽车文化。而汽车广告与美国的汽车文化几乎是同步而行，它已经将汽车文化深深地根植于美国人心中。它告诉美国人，汽车远不止是一个交通工具，汽车能够赋予他们一切。

图 7-23　汽车电影院

2)宣扬汽车品牌

汽车市场的竞争，不但体现在销售和售后市场上，而且也存在于汽车广告宣传市场上。汽车广告的共同点是它们共同承载起对汽车品牌形象的传承。

代表尊贵的劳斯莱斯、代表稳重富裕的奔驰、代表财富与活力的宝马(见图 7-24)、代表粗犷可靠的福特等，这些有内涵的品牌都是经过上百年几代人的努力才形成的。这些品牌文化一旦形成，就极容易被大众认同，新产品更容易被接受。这些根深蒂固的品牌文化让它们的产品真正与众不同，这想必是汽车巨头们百年不衰的法宝之一，因为只有文化才能源远流长。

图 7-24　宝马汽车广告

3)展示领先科技

现代汽车高科技的发展越来越迅速，甚至连研究的时间也大大缩短，一些概念性的新科技设备，经过一年的研发时间，便可以用在量产车型上。汽车科技的进步给人们的出行带来了方便，给人们的汽车生活增添了很多新的元素，它是吸引消费者购车的一大要素。因此，在汽车的广告宣传上，很多汽车企业开始将重心放在“科技”这个诉求点上，如图 7-25 所示，以求得消费者的青睐。

图 7-25　三菱汽车广告

4)倡导生活方式

近几年，在国内，汽车渐渐走进了普通家庭。对于大多数消费者来说，即使收入并不是很高，但他们也乐于尝试各种不同的生活方式，愿意追逐最新的时尚潮流。无论是国产车，还是进口车，在中国的广告开始推广某种生活方式、反映某种生活形态。最典型的是赛欧，如图 7-26 所示，其广告语为“自立新生活”，“优质新生活”，“Easy 生活、轻松赛欧”，反映了参加工作不久便买了赛欧轿车车主的心态。

图 7-26　赛欧家庭旅行广告

四、汽车模特

汽车模特作为一个新兴行业，以其鲜明的行业特征融入社会、引导潮流，成为一种时尚，成为汽车文化不可分割的组成部分。1985 年，我国在北京举办了首届中国国际汽车博览会。4 年之后，1993 年北京的汽车展览会上，“香车美女”的概念由西方引入中国，在中国便出现了“汽车模特”这一新名词，汽车模特从此为我国汽车博览会增添了一道靓丽的风景，同时在某种程度上推动了中国车展业和中国汽车工业的发展。

1886 年，德国人卡尔・本茨和戴姆勒发明了汽车以后，“模特”一词便不知不觉地和汽车联系在一起，由此有了今天的汽车模特(以下简称车模)。而在当代各类广告视觉印象评比中，与美女有关的广告印象率高达 85%，居第一位，所以美女和名车的组合也是十分科学的。这也是商业社会发展的一种进步。

1. 汽车模特的内涵

汽车模特反映的是一种汽车文化。文化是一种非常抽象的东西，冰冷的钢铁是无法表达的，于是汽车模特便担当起了演绎这种抽象文化的责任。演绎越野车就需要充满野性和冷酷的表现手法，而轿车则需要表现出白领高贵时尚的感觉。汽车模特与汽车好比温柔与钢铁，反差很大却并不相冲，但绝对是有别于传统的“香车美女”。这种关系就是通过女性文化渗透市场，深入民心。

汽车模特要表现的是人与车之间的关系，展示汽车的文化，其中包括汽车典故、市场定位、消费对象、汽车品牌性能的推广等，表现出不同环境中人与车、人与自然的关系，达到人体美与汽车美的完美结合。同时，每种车款在不同的时空上也要求有不同的表现方式，从而让汽车更贴近消费者，使他们在观赏中更多地了解汽车。

因此，汽车模特应能够深谙汽车文化，了解所展示车型的特点及其所适应的购买人群，然后通过服装和形体语言表现出来，这样才能达到人车相得益彰的效果。

2. 汽车与模特的关系

是汽车衬托美女，还是美女代表汽车，这点并不重要，重要的是人们将汽车人性化，把车和人非常完美和谐地融合在一起，这才是车展业的一次飞跃。人体优美的曲线和富于情感的姿态的展现，与汽车设计形成了共鸣。

当模特在设计这些不同形象时，对服装、鞋、化妆品甚至头发颜色也是有极高要求的。车模要表现车而并非自我，其主要以形体动作融会艺术的立体表演形式，并通过气质、装束、造型、语言、表演、创意及汽车知识表现等方面来体现汽车的品位和用途。服装模特所展示给观众的就是服装本身，这是一种具体而直接的概念，其表现形式单一；而汽车模特所展示的却是一种和汽车相关联的文化概念，更趋向于间接和抽象，并且表现形式是多种多样的。因此，对汽车模特的要求是高于时装模特的。

车和服装都有很多的共同点，它们都是设计师辛勤劳动的结果。在每一次的服装发布会和展示中，每季的每款服装总是在不断地变化，以满足人们的需要，而体现这种变化的最便捷的方式就是展示，以最直接的手段让大家了解。对于车同样也是如此，人们要树立一种理念，即能够完完全全表现出此种车的特点、形象，使人们更易接受，从直观上了解汽车。

但车模与一般的时装模特又不一样，时装模特看重的是模特与服装的交融与搭配，在舞台上表演时与观众的距离比较远；而车模是点缀和美化汽车的，与消费者是近距离的，所以要求车模要具有较强的亲和力。汽车模特在展示各类车型时就要体现出人们的工作、生活、家庭之间，以及各种环境中所表现出来的人与车、人与自然的关系，让汽车更贴近人类，让大家在文化娱乐中更多地了解汽车，让人们明白汽车是物质生活和精神生活结合的一种享受，而不仅仅是一种代步的工具。

五、汽车模型

汽车模型如图 7-27 所示，是完全依照真车的形状、结构、色彩，甚至内饰部件，严格按比例缩小而制作的比例模型。据不完全统计，近 90 年来，全世界的汽车生产厂共推出数万种款式的汽车模型，逐渐发展成为一种风行于全世界的收藏和投资项目。

图 7-27 奥迪 R8 模型

世界上第一批汽车模型诞生于1914年，当时，美国福特汽车厂在销售新出品的T型车的同时，还赠送给购车者一个精致的T型车小模型，福特的本意纯粹是为了和通用汽车进行竞争。然而出人意料的是，这种被用于赠送的礼品车模一经问世，便很快受到爱车人士的青睐。各汽车生产厂继而争相效仿，在推出新车的同时纷纷推出新款汽车模型，英国、法国等欧洲国家也陆续出现了各类品牌的汽车模型。

认识汽车模型，首先要知道汽车模型不是玩具，它是真车的严格缩比，它有知识产权和收藏证书，有的还限量发行，通常比例有1∶12、1∶18、1∶24、1∶43、1∶64、1∶72 1:87等。汽车模型的用途是装饰居室、馈送和收藏，同时也是汽车厂家的广告和礼品。汽车模型也是馈赠礼品、装饰居室的首选。

与汽车玩具等产品相比，汽车模型具有以下特点。

(1)仿真汽车模型必须有它所表现的原车型，是原车型按照一定的标准比例缩小，与原车比例的精度是衡量一款汽车模型制造水平的重要标准之一。

(2)为了忠实再现真实的汽车，模型制造者不会对原型车的外观进行丝毫的修改和夸张，更不会凭空想象出一种汽车来。除了整体外观，汽车模型在细节上也应该是高度仿真的，往往整个汽车模型会由几百个甚至更多的部件构成，各个部件都是对原车型相应部件的缩小，汽车模型部件越多、部件分得越细，说明这款模型的制作工艺越高。

(3)汽车模型选用高档次的金属、塑料或树脂材料制成，加工工艺要求较高，喷漆的要求几乎要达到真车的水平。

(4)汽车模型制造厂商要制作某款车型的模型，必须得到原厂的授权才行，否则就是侵犯了知识产权，为此汽车模型厂商可能需支付巨额的费用。为了制造高精度的模型，制造者还需得到原厂的技术支持，提供准确的数据资料。

CHAPTER 8

第八章

未 来 汽 车

汽车已有一百多年的发展历史，从诞生的那一天起，它就从未停止过发展的步伐。当前的信息技术革命正在推动汽车设计翻开新的一页，智能化、轻量化，采用更加环保的新能源将成为未来汽车发展的新趋势。计算机技术、自动控制技术及现代信息融合技术和通信等高科技与汽车的结合，使未来的汽车成为更安全、更方便、更舒适的交通工具；汽车的轻量化在保证汽车的强度和安全性能的前提下，尽可能地降低汽车的整备质量，从而提高汽车的动力性，减少燃料消耗，降低排气污染；新能源汽车的研发和推广，将会让减缓日益增长的汽车数量与环境污染之间的尖锐矛盾得到缓解。

汽车改变了人类的生活方式，推动了人类社会的进步，而未来更加智能、安全、环保的汽车将以更高的速度和效率将人类带入新的时代。

一、智能汽车

智能汽车，顾名思义，就是汽车自己具有一定程度的自我操控性，能够把原来由人支配的动作简化为汽车计算机系统来控制，提高驾乘的安全性和舒适性，满足人类实现无人驾驶的愿望。未来汽车主要表现在用信息技术手段在一定程度上代替人的操控，使汽车的驾乘变得更加容易、舒适和充满乐趣。

1. GPS 系统

GPS 系统，即全球定位系统(global positioning system)。简单地说，这是一个由覆盖全球的 24 颗卫星组成的卫星系统，如图 8-1 所示。这个系统可以保证在任意时刻，地球上任意一点都可以同时观测到 4 颗卫星，以保证卫星可以采集到该观测点的经纬度和高度，以便实现导航、定位等功能。这项技术可以用来引导飞机、船舶、车辆及个人，安全、准确地沿着选定的路线，准时到达目的地。

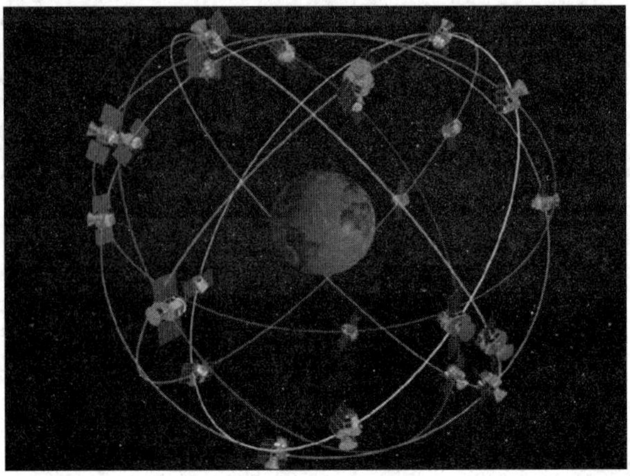

图 8-1　GPS 系统

GPS 在汽车导航和交通管理中的应用在于：三维导航是 GPS 的首要功能，飞机、轮船、地面车辆及步行者都可以利用 GPS 导航器进行导航。汽车导航系统是在全球定位系统 GPS 基础上发展起来的一门新型技术。汽车导航系统由 GPS 导航、自律导航、微处理机、车速传感器、陀螺传感器、CD-ROM 驱动器、LCD 显示器组成。GPS 导航系统与电子地图、无线电通信网络、计算机车辆管理信息系统相结合，可以实现车辆跟踪和交通管理等许多功能。

1）车辆跟踪

利用 GPS 和电子地图可以实时显示出车辆的实际位置，并可任意放大、缩小、还原、换图；可以随目标移动，使目标始终保持在屏幕上；还可实现多窗口、多车辆、多屏幕同时跟踪。利用该功能可对重要车辆和货物进行跟踪运输。

2）提供出行线路规划和导航

提供出行路线规划是汽车导航系统的一项重要的辅助功能，它包括自动线路规划和人工线路设计。自动线路规划是由驾驶人确定起点和目的地，由计算机软件按要求自动设计最佳行驶线路，包括最快的线路、最简单的线路、通过高速公路路段次数最少的线路的计算。人工线路设计是由驾驶人根据自己的目的地设计起点、终点和途经点等，自动建立线路库。线路规划完毕后，显示器能够在电子地图上显示设计线路，并同时显示汽车运行路径和运行方法。

3）信息查询

信息查询功能可为用户提供主要物标，如旅游景点、宾馆、医院等，并且能够在电子地图上显示出所在位置。同时，监测中心可以利用监测控制台对区域内的任意目标所在位置进行查询，车辆信息将以数字形式在控制中心的电子地图上显示出来。

4）话务指挥

指挥中心可以监测区域内车辆运行状况，对被监控车辆进行合理调度。指挥中心也可随时与被跟踪目标通话，实行管理。

5）紧急援助

通过 GPS 定位和监控管理系统可以对遇有险情或发生事故的车辆进行紧急援助。监控台的电子地图显示求助信息和报警目标，规划最优援助方案，并以报警声光提醒值班人员进行应急处理。

2. 车辆智能驾驶系统

iDrive，就是智能驾驶控制系统“intelligent-Drive system”的缩写，它是一种全新的简单、安全和方便的未来驾驶概念，属于自动化、信息化驾驶系统的范畴。某些高级轿车和概念车上配备了这项最新的科技新技术。

iDrive 使用起来非常简便，并且具备记忆功能，驾驶人可以对某种设置进行储存，信息就会自动储存在汽车“钥匙”中。宝马 7 系列的车钥匙是一个智能卡片，进入汽车后将之放入插座内，然后简单地按“起动/熄火”键发动/关闭发动机。另外，该电子钥匙还可自动储存汽车维修保养的信息数据，使客户可以获得更便捷的服务。

3. 车辆防碰撞系统

汽车的诞生给人类生活带来种种方便，同时车祸也给人类带来很多阴影。为了充分利用汽车为人类带来的方便，同时尽可能地避免车祸带来的惨剧，世界许多国家都在开发智能轿车和智能公路运输系统，以增加汽车运输的安全。车辆防碰撞系统就是智能汽车的一部分，如图 8-2 所示。

图 8-2 车辆防碰撞系统

车辆防碰撞系统由以下几个部分组成。

(1)信号采集系统采用雷达、激光、声呐等技术自动测出本车速度、前车速度及两车之间的距离。

(2)数据处理系统计算机芯片对两车距离及两车的瞬时相对速度进行处理后，判断两车的安全距离，如果两车车距小于安全距离，数据处理系统就会发出指令。

(3)执行机构负责实施数据处理系统发来的指令，发出警报，提醒驾驶人制动，如果驾驶人没有执行指令，执行机构将采取措施，如关闭车窗、调整座椅位置、锁死转向盘、自动制动等。

4. 智能化交通系统(ITS)

智能化交通系统就是利用交通信息系统、通信网络、定位系统和智能化分析与选线系统，以缓和道路堵塞和减少交通事故，增强交通利用者的方便感、舒适感为目的的系统总成。它通过传播实时的交通信息使出行者对即将面对的交通环境有足够的了解，并据此作出正确选择；通过消除道路堵塞等交通隐患，建设良好的交通管制系统，减轻对环境的污染；通过对智能交叉路口和自动驾驶技术的开发，增强行车安全，减少行驶时间。但所有的这一切如何实现呢？

为智能交通带来重大机遇的是即将建设的数字地球。数字地球把地球上任意地点的所有信息都组织起来，不仅有自然方面的，如地质、地貌、气候、山川河流、动植物分布等，还有人文方面的，如历史沿革、风土人情、交通状况、经济、文教、人口等。

所有这些，不应是静态的，而应是实时的，只有这样才能为人们在选择出行路线时提供优质服务。它以某种形式在某个地点存放着有关道路的各种信息（如道路状况、危险警告、收费地点、停车场所等），同时又可以接收相关的最新信息（如道路灾害信息、事故发生地点等）。据此，人们可以准确选择最佳路径，节省时间，减少对能源的消耗及对大气的污染。

5. 汽车智能“黑匣子”

汽车智能“黑匣子”能客观地记录机动车发生车祸前驾驶人的操作过程，有效地提供驾驶人在事故发生前做出的种种反应。据称，交通事故处理部门安装这种系统后，可随时对穿行在各条公路上的所有汽车进行实时监控，一旦发生车祸，距离事故发生地点最近的交通事故处理中心可以在几秒钟之内获取撞车时的驾驶速度、车内乘客伤亡情况等信息。由于这一技术的工作原理与飞机上的“黑匣子”相似，所以也称其为“黑匣子”，如图 8-3 所示。

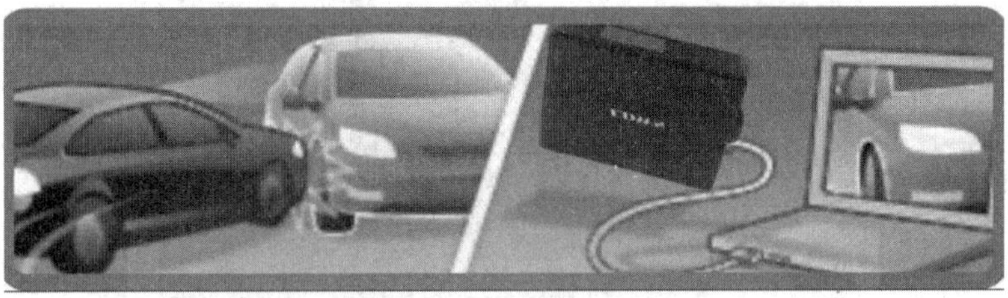

图 8-3　汽车智能“黑匣子”

这种“黑匣子”与普遍烟盒差不多大小，构件包括可以储存、收集和传输数据的蜂窝电话，其外部有保险装置。车祸发生后，该“黑匣子”会自动打开，利用传感器记录下汽车的行驶速度及出车祸时汽车的撞击位置，然后将这些信息传输给中央通信系统。“黑匣子”内嵌有全球定位系统，该系统负责数据的处理与传输。

6. 汽车智能轮胎

汽车智能轮胎内装有计算机芯片与胎体相连接，如图 8-4 所示。计算机芯片能自动监控并调节轮胎的行驶温度和气压，使轮胎在不同情况下都能保持最佳的运行状态，既提高了安全系数，又节省了开支。更为先进的智能轮胎还能在探测出结冰路面后使轮胎变软，使附着力更好；在探测出路面的潮湿程度后，根据潮湿程度自动改变轮胎的花纹，以防打滑。

7. 汽车智能钥匙

传统的汽车钥匙只有两个基本功能：开关车门和起动发动机。使用这种钥匙，车主需要亲自动手开锁及落锁，操作起来比较烦琐；而且由于构造简单，防盗作用也非常有限。当今，大多数私家车的标配是电子钥匙，其基本功能是起动汽车和遥控开关车门，开锁及落锁过程从“手动”变为“自动”，使用起来更加简便。同时，由于其匹配的是电子式防盗锁系统，采用了发动机芯片锁止技术，大大提高了车辆的安全性。还有类似其他功能，如远程寻车、预设开启空调、车门依次开启、识别车主、感应解锁等智能功能。

图 8-4 汽车智能轮胎

8. 汽车智能空调

智能空调系统能根据外界气候条件，按照预先设定的指标对安装在车内的温度、湿度和空气清洁度传感器所传来的信号进行分析、判断，及时自动打开制冷、加热、去湿及空气净化装置，调节出适宜的车内空气环境。在先进的安全汽车上，空调系统可以配合驾驶。当驾驶人精神不集中或有瞌睡迹象时，能自动散发出使人清醒的气味。

9. 汽车智能玻璃

汽车智能玻璃表面涂有一层氧化锡，下面有一层更薄的含水氧化镍。当电流正向流动时，透明的两层氧化镍可氧化成颜色较深的三价氧化物，使车窗玻璃变暗；当电流反向流动时，车窗玻璃变亮，并且按照外面光线的强弱自动控制玻璃的明暗度。

10. 汽车智能安全气囊

汽车智能安全气囊是在普通安全气囊的基础上增设传感器和与之相配套的计算机软件而成的。其质量（重量）传感器能根据质量感知乘客是大人还是儿童；红外线传感器能根据热量探测座椅上是人还是物体；超声波传感器能探明乘客的身体质量、所处位置和是否系安全带，以及汽车碰撞速度和撞击程度等，及时控制安全气囊的膨胀时机、膨胀速度和膨胀程度，从而为乘客提供最合理和最有效的保护。

11. 智能悬架

汽车智能悬架系统由电子装置控制，可根据路面情况，调节悬架弹性元件的刚度和减振器的阻尼，使振动和冲击迅速消除。此外，智能悬架还可以自动调节车身的离地高度，即便汽车是在崎岖不平的路面上行驶，也会使乘客倍感平稳与舒适。

二、轻量化汽车

汽车的轻量化，就是在保证汽车的强度和安全性能的前提下，尽可能地降低汽车的整备质量，从而提高汽车的动力性，减少燃料消耗，降低排气污染。实验证明，若汽车整车质量降低 10%，燃油效率可提高 6%～8%；汽车整备质量每减少 100 kg，百公里油耗可降低 0.3～

0.6 L;汽车质量降低1%,油耗可降低0.7%。由于环保和节能的需要,汽车的轻量化已经成为世界汽车发展的潮流。

汽车轻量化的主要途径有以下几种:缩小汽车的尺寸;采用轻质材料;采用计算机进行结构优化设计;采用承载式车身,减小车身板料厚度等。

1. 汽车小型化

汽车小型化在保证足够内部空间尺寸的前提下,通过调整汽车的主要尺寸及零部件的布局,缩小外形尺寸,可减少材料消耗,减小质量,同时还可减少占路面积和停车面积。

因为油价的不断上升和对于环境保护的日益关注,几乎全世界的消费者都开始倾向于购买小排量的车型。在日本,0.66 L以下小排量车的市场份额占总销量的60%以上;在欧洲,排量在1.0 L以下小排量车的年销量达到450万辆,占汽车总销量的35%;与2007年相比,2008年法国家用车平均长度减少了2 cm,质量减少40 kg。

2. 材料轻量化

当前,汽车轻量化的主要措施是采用轻质材料。为了适应汽车轻量化的要求,一些新材料应运而生并扩大了应用范围。以乘用车来说,1973年每辆车所使用的有色合金占全部用材的重量比为5.0%,1980年增至5.6%,而1997年则达到了9.6%。有色合金在汽车上应用量的快速增长是汽车材料发展的大趋势。其中轻量化材料主要包括以下几个方面。

1)有色金属

(1)铝合金。铝的密度约为钢的1/3,是应用中最广泛的轻量化材料。如图8-5所示为采用铝合金车身制造的奥迪A8。以美国生产的汽车产品为例,1976年每车用铝合金仅39 kg,1982年达到62 kg,而1998年则达到了100 kg。用于汽车的铝合金有铸造铝合金、变形铝合金和铝基复合材料等。

图8-5　采用铝合金车身制造的奥迪A8

(2)镁合金。镁的密度约为铝的2/3,是汽车实际应用中最轻的金属之一。如图8-6所示为镁合金制造的汽车轮。镁合金的吸振能力强、切削性能好、金属模铸造性能好,很适合制造汽车零件。镁合金大部分以压铸件的形式在汽车上应用,镁压铸件的生产效率比铝高30%~50%。在汽车上试用或应用镁合金的实例有车轮、离合器壳体、离合器踏板、制动踏板固定支架、仪表板骨架、座椅、转向柱部件、转向盘轮芯、变速器壳体、发动机悬置、汽缸盖和汽缸盖罩盖等。

图 8-6　镁合金汽车轮

2)塑料

塑料是以树脂为主要成分,在一定温度和压力下塑造成一定形状,并在常温下能保持既定形状的高分子有机材料。它具有密度小、强度高、化学稳定性好、电气绝缘性能优异、耐磨性、减磨性、自润滑性、消声性和吸振性良好、着色自由、手感柔顺、可进行二次加工(着色、光亮处理、涂装、浮雕等)的特性。

用塑料作为汽车材料的最大优势是减轻车体的质量。从现代汽车使用的材料看,无论是外装饰件、内装饰件,还是功能与结构件,到处都可以看到塑料制件的影子。汽车中塑料的应用量已经成为衡量汽车设计和制造水平的一个重要标志。

目前,世界上不少轿车的单辆塑料用量已经超过 120 kg,德国奔驰高级轿车的每辆塑料使用量已经达到 150 kg。可以预见,随着汽车轻量化进程的加速,塑料在汽车中的应用将更加广泛,全塑车身是未来汽车发展的方向。如图 8-7 所示为塑料电动汽车。

图 8-7　塑料电动汽车

3)碳纤维复合材料

碳纤维由含碳量较高且在热处理过程中不熔融的人造化学纤维经热稳定氧化处理、碳化处理及石墨化等工艺制成。碳纤维是一种力学性能优异的新材料,它的密度不到钢的 1/4,碳纤维树脂复合材料抗拉强度一般都在 3 500 MPa 以上,是钢的 7～9 倍。

碳纤维由于性能强、密度小,所以被广泛应用于航空航天领域。在汽车领域,由于使用成本高,则只在一级方程式赛车和某些超豪华品牌车辆上才能见到。如图 8-8 所示为采用全碳纤维复合材料单壳体车身的兰博基尼汽车。随着碳纤维合成技术的进步、回收系统的完善、制造成本的下降,碳纤维复合材料将走下神坛,成为未来汽车广为应用的轻量化材料。

图 8-8　采用全碳纤维复合材料单壳体车身的兰博基尼汽车

三、新能源汽车

现在汽车所用的能源基本上都是汽油或者柴油,总有一天,这些不可再生的化石燃料终将枯竭,人们不得不去寻找其他能源代替矿物燃料驱动汽车。此外,传统燃料排放气体带来的环境问题已经越来越严重,人们希望能有更多绿色的能源应用于汽车动力当中。

新能源汽车可以分为替代燃料汽车、电动汽车和混合动力电动汽车等。

1. 替代燃料汽车

1)液体替代燃料汽车

(1)甲醇燃料。汽车甲醇,又称“木精”或“木醇”,是一种易燃且易挥发的无色透明液体,具有与现实使用的液体燃料极为相近的燃烧。辛烷值高,抗爆性能好。甲醇燃料的生产原料非常广泛,可从煤中制取,特别是可利用劣质高硫煤和焦炉气回收制取,也可从生物质(如林木、有机垃圾等)提取。甲醇生产是我国化工行业中的成熟产业,其生产工艺简单,投资和生产成本都较低。

甲醇在汽车上应用的优点是资源多样丰富、有利于提高发动机的压缩比,点火界限宽,火焰传播速度快,有利于采用稀薄燃烧,还可以降低排放污染。但甲醇自身具有很大毒性,燃烧后甲醇排量仍较多,对发动机零部件有腐蚀和磨损作用,燃料热值较低,低温起动性能差,储存、运输的安全性也比其他燃料差。

(2)生物柴油。汽车柴油作为一种重要的石油炼制产品,在各国燃料结构中占有较高的份额,已成为重要的动力燃料。随着世界范围内车辆柴油化趋势的加快,未来柴油的需求量会越来越大,而石油资源的日益枯竭和人们环保意识的提高,大大促进了世界各国加快柴油替代燃料的开发步伐。尤其是进入了 20 世纪 90 年代后,生物柴油以其优越的环保性能受到了各国的重视。

2)气体替代燃料汽车

(1)天然气替代燃料。汽车石油短缺和生态恶化是 21 世纪人类面临的主要问题,能源的短缺将直接影响各国经济的持续发展,而环境污染则直接威胁着人类的健康和生存。天然气是当今世界能源的重要组成部分，它与煤炭、石油并列为世界能源的三大支柱。据研究资料显示，世界已探明的石油储量，按汽车现在消耗的速度，还能支撑 40～70 年。而已探明的天然气储量，预计可以开采 200 年。从这个意义上讲，天然气汽车是 21 世纪汽车工业发展的一个重要方向。

天然气是一种洁净的能源，主要成分是甲烷，燃烧后的主要生成物为二氧化碳和水，它产生的温室气体只有煤炭的 1/2，是石油的 2/3。天然气汽车则是以天然气作为燃料的汽车，按照天然气的化学成分和形态，可分为压缩天然气(CNG)汽车、液化天然气(LNG)汽车和液化石油气(LPG)汽车三种。近年来，天然气汽车在全球发展很快，在应用与运营方面比较成功。天然气汽车是一种理想的低污染车，与汽油汽车相比，它的尾气排放中的一氧化碳下降约 90%，碳氢化合物下降约 50%，氮氧化合物下降约 30%，二氧化硫下降约 70%，二氧化碳下降约 23%，微粒排放可降低约 40%，铅化物可降低 100%。可见，天然气对环境造成的污染远远小于石油和煤炭，是一种优良的汽车发动机绿色代用燃料。同时，天然气汽车的使用成本较低，可比燃油汽车节约燃料费约 50%。此外，与电动汽车相比，天然气汽车的续驶里程长。有关专家认为，天然气汽车是目前最具有推广价值的低污染汽车，尤其适合于城市公共交通和出租汽车使用。目前，它已在世界上得到广泛应用。

随着材料技术及电子技术的不断发展和广泛应用，天然气燃料将会大力被开发和利用。从长远来看，天然气将会成为最有前途的车用“低污染燃料”。因此，发展天然气汽车对解决环境问题和能源问题都具有十分重大的现实意义。

(2)氢替代燃料。当今世界开发新能源迫在眉睫，原因是目前所用的能源如石油、天然气、煤，均属不可再生资源，地球上存量有限，而人类生存又时刻离不开能源，所以必须寻找新的能源。

氢作为能源有许多优越性。水通过光分解可制得氢，水是取之不尽、用之不竭的原料，又十分低廉，地球表面的水储量很大。氢燃料燃烧后又生成水，是一种燃烧无害、十分清洁的能源。氢在储存、输送上比电力损失小，而且氢燃烧热值高，1 kg 氢燃烧产生的热量相当于 3 kg 汽油或 4.5 kg 焦炭的发热量。但是在实际的应用中，氢的存储、运输及利用太阳能分解水制取氢，一直是制约氢能发展的问题。

时至今日，氢能的利用已有长足进步。自从 1965 年美国开始研制液氢发动机以来，相继研制成功了各种类型的喷气式和火箭式发动机。美国的航天飞机已成功使用液氢做燃料。我国长征 2 号、3 号也使用液氢做燃料。利用液氢代替柴油，用于铁路机车或一般汽车的研制也十分活跃。氢汽车靠氢燃料、氢燃料电池运行也是沟通电力系统和氢能体系的重要手段。

目前，世界各国正在研究如何能大量而廉价地生产氢。利用太阳能来分解水是一个主要的研究方向，在光的作用下将水分解成氢气和氧气，关键在于找到一种合适的催化剂。如今世界上有 50 多个实验室在进行研究，至今尚未有重大突破，但它具有广阔的前景。发展氢能源，将为建立一个美好、无污染的新世界迈出重要一步。让汽车彻底走出环境和能源问题的阴影，实现人类移动性真正的可持续发展，最终的解决方案是氢燃料汽车。

2. 电动汽车

1)电池电动汽车

电动汽车是指以车载电源为动力，用电动机驱动车轮行驶，符合道路交通、安全法规各项要求的车辆，如图 8-9 所示为 smart 纯电动车。

图 8-9 smart 纯电动车

电动汽车的优点：它本身不排放污染大气的有害气体，即使按所耗电量换算为发电厂的排放，除硫和微粒外，其他污染物也显著减少，由于电厂大多建于远离人口密集的城市，对人类伤害较少，而且电厂是固定不动的，可集中排放，清除各种有害排放物也较容易，并且现在已有相关技术。由于电力可以从多种一次能源获得，如煤、核能、水力等，所以可解除人们对石油资源日渐枯竭的担心。电动汽车还可以充分利用晚间用电低谷时富余的电力充电，使发电设备日夜都能充分利用，大大提高了经济效益。有关研究表明，同样的原油经过粗炼，送至电厂发电，再充入电池并由电池驱动汽车，其能量利用效率比经过精炼变为汽油，再经汽油机驱动汽车的高，因此有利于节约能源和减少二氧化碳的排放量。正是这些优点，使电动汽车的研究和应用成为汽车工业的一个"热点"。

电动汽车的困难是目前蓄电池单位重量储存的能量太少，还因电动车的电池较贵，又没形成经济规模，故购买价格较贵。至于使用成本，有些试用结果比汽车贵，有些结果仅为汽车的 1/3，这主要取决于电池的寿命及当地的油、电价格。

电池是电动汽车发展的首要关键，要想在较大范围内应用电动汽车，要依靠先进的蓄电池。经过 10 多年的筛选，现在人们普遍看好的是氢镍电池、锂离子和锂聚合物电池。氢镍电池单位重量储存能量比铅酸电池高 1 倍，其他性能也都优于铅酸电池。但目前其价格为铅酸电池的 4～5 倍，人们正在大力攻关以让其价格降下来。锂是最轻、化学特性十分活泼的金属，锂离子电池单位重量储能为铅酸电池的 3 倍，锂聚合物电池为铅酸电池的 4 倍，而且锂资源较丰富，价格也不是很贵，是很有希望的电池。我国在氢镍电池和锂离子电池的产业化开发方面均取得了较大的进展。电动汽车的其他有关技术，近年都有巨大的进步，如交流感应电动机及其控制、稀土永磁无刷电动机及其控制、电池和整车能量管理系统、智能及快速充电技术、低阻力轮胎、轻量和低风阻车身、制动能量回收等，这些技术的进步使电动汽车日渐完善和走向实用化。

2)燃料电池电动汽车

氢燃料汽车和氢燃料电池汽车虽然同样以氢为能源，但是氢内燃机是用氢代替燃油在内燃机燃烧做功，而燃料电池是使氢在燃料电池组中与氧化合产生电来驱动汽车，二者在原理上有本质的不同。

燃料电池是把燃料中的化学能直接转化为电能的能量转化装置，它从外表上看有正负极和电解质等，像一个蓄电池，但实质上它不能“储电”，而是一个“发电厂”。燃料电池也有多种类型，经过多年的探索，最有望用于汽车的是质子交换膜燃料电池。它的工作原理是将氢气送到负极，经过催化剂（铂）的作用，氢原子中两个电子被分离出来，这两个电子在正极的吸引下，经外部电路产生电流，失去电子的氢离子（质子）可穿过质子交换膜（即固体电解质），在正极与氧原子和电子重新结合为水。由于氧可以从空气中获得，所以只要不断给负极供应氢，并及时把水（蒸汽）带走，燃料电池就可以不断地提供电能。

燃料电池的优点：

（1）能量转化效率高。燃料电池的能量转换效率可达60%～80%，为内燃机的2～3倍。

（2）不污染环境。燃料电池的燃料是氢和氧，生成物是清洁的水，它本身工作不产生一氧化碳和二氧化碳，也没有硫和微粒排出，还没有高温反应，更不产生氮氧化合物。如果使用车载的甲醇重整催化器供给氢气，仅会产生微量的一氧化碳和较少的二氧化碳。

（3）寿命长，燃料电池本身工作没有噪声、没有运动性、没有振动，其电极仅作为化学反应的场所和导电的通道，本身不参与化学反应，没有损耗，寿命长。

2004年9月20日，在法国马赛，Hysun 3000燃料电池车从柏林行驶到巴塞罗那仅仅用了2 kg的氢燃料，创造了一个新的世界纪录，如图8-10所示，从来没有过汽车在仅仅使用氢燃料的情况下跑过这么远的路程。这趟行程折合每100 km使用0.2 L燃料。Hysun汽车的核心部分是一个质子交换膜燃料电池。在这里氢和氧发生反应生成水，这种反应产生的能量驱动电动机。当制动的时候，电动机相当于发电机，同时对电容器进行控制。对于这种三轮车来说，它的空气阻力仅仅是普通轿车的一半。不算驾驶人和氢燃料，车的重量为120 kg，最大的车速为80 km/h，平时巡游的车速为38 km/h。

图8-10　Hysun 3000燃料电池车

当今，几乎所有的世界汽车巨头都加入了燃料电池车技术竞赛。近几年，由于各大公司的共同努力，燃料电池汽车在技术上取得了很大进展。例如，奔驰在东京车展上发布了燃料电池混合动力概念车“F600HYGENIUS”，如图8-11所示。该车特点是，配备体积减小了40%的新开发的燃料电池组，是首款在加速性能、最大时速、持续行驶距离等动力性能方面，可与采用现有动力传动系统的车型相媲美的燃料电池车。该车燃料电池的输出功率为60 kW，通过配备最大功率为55 kW的锂离子电池，来驱动最大输出功率为85 kW的发动机。发动机的最大转矩为350 N·m。储氢罐的填充压力为70 MPa，持续行驶距离可超过400 km，最高车速在170 km/h以上。同时，本田的“FCXCONCEPT”，充分发挥了燃料电池系统安装灵活的特性，因此可以采用普通汽车无法实现的新一代轿车样式。新开发的底盘将燃料电池组纵置在车身的中央部位，可大大降低地板高度，同时还可减少发动机室的体积。因此，此车具有短鼻子、长车身及底盘较低的独有均衡比例。

图 8-11　燃料电池混合动力概念车“F600HYGENIUS”

在研究并开发氢动力汽车方面一直走在前列且已投入数十亿美元的美国通用汽车公司，曾在全球公开巡展其“氢动三号”，如图 8-12 所示，此款车已经达到了通用汽车和欧宝品牌的商业化生产指标。驱动系统的模块化和摆脱对蓄电池的依赖使得“氢动三号”的总车重减少约 100 kg，接近 1 590 kg 的目标值，而且容积与普通车型的载货空间完全相同。通用汽车相当看好这一车型，认为“氢动三号”是成熟燃料电池车规模化生产进程中取得的一项重大进展。

图 8-12　氢动三号

由于石油等传统能源紧缺和环保观念日益深入人心，各国政府和相关企业目前都在加大“氢能”产品的研发力度。美国政府曾宣布将投资 17 亿美元把“氢能”作为新一代能源的重点发展对象。

2007 年 3 月 30 日，通用汽车公司和戴姆勒-克莱斯勒公司宣布，它们已分别与美国能源部签署合约，在未来五年内开发氢燃料电池动力汽车。通用公司与美国能源部的合约价值 8 800 万美元，双方各支付一半。根据合约，通用公司将制造 40 辆氢燃料电池动力汽车，投放到华盛顿、纽约、加利福尼亚和密歇根进行示范。

毋庸置疑，当前氢燃料电池要走上商业化道路，最大的阻碍仍是高昂的成本问题。

3)复合动力电动汽车

复合动力电动汽车(也称混合动力电动汽车)是指装有两个以上动力源(包括电动机驱

动)，符合汽车道路交通、安全法规的汽车。车载动力源有多种：蓄电池、燃料电池、太阳能电池、内燃机车的发电机组。当前复合动力电动汽车一般是指内燃机车发电机，再加上蓄电池的电动汽车，如图 8-13 所示即为丰田普锐斯复合动力电动汽车。

图 8-13 丰田普锐斯复合动力电动汽车

复合动力电动汽车的优点：

(1)采用复合动力后可按平均需用的功率来确定内燃机的最大功率，此时处于油耗低、污染少的最优工况下工作。内燃机功率不足时，由电池来补充；负荷少时，富余的功率可发电给电池充电。由于内燃机可持续工作，电池又可以不断得到充电，故其行程和普通汽车一样。

(2)因为有了电池，可以十分方便地回收制动、下坡、怠速时的能量。

(3)在繁华市区，可关停内燃机，由电池单独驱动，实现"零"排放。

(4)有了内燃机可以十分方便地解决耗能大的空调、取暖、除霜等纯电动汽车遇到的难题。

(5)可以用现有的加油站加油，不必再投资。

(6)可让电池保持在良好的工作状态，不发生过充电、过放电现象，延长其使用寿命，降低成本。

4)太阳能电动汽车

用太阳能作为能源，既能减少污染物的排放，又能减少常规能源的消耗，在来源上还充足到可以无须担心。但在大规模推广使用时，却面临着最大的技术问题，即太阳能的采集技术还有待提高。特别是我国国内的汽车行业，这个被寄予厚望的能源产业陷入了一个死结，一端是没有核心技术、只能重复低端加工的无序竞争环境，另一端是缺乏用户认同、萎靡不振的消费市场。这一难题其实在国际上所谓"技术先进"的国家也同样存在，区别仅仅在"50 步"和"100 步"之间。

近年来，国际上太阳能电动车比赛风靡全球，这使得此方面的技术有了实质性的提高。在比赛中，人们看到了千奇百怪的太阳能车，如图 8-14 所示，但仅仅是从猎奇的角度去欣赏，因为它们离实际生活还很遥远。太阳能车需要一块巨大的太阳能电池板来吸收阳光，再把阳光转化为电能。以最为普通的桑塔纳轿车为例，一辆车所需的驱动力大约在 70 kW 左右，而太阳能的功率非常小，1 m^2 的能源仅为 1 kW 左右，以转化率为 20%，最高的也才能得到 200 W 电能。就算整车任何地方都能吸收太阳能，其转化后的能源也无法满足其驱动力的需要。

(a)

(b)

图 8-14　千奇百怪的太阳能电动汽车

马自达曾经在车展上展出过一款名为“先驱”的概念车，如图 8-15 所示。该车配备了内置染料增感型太阳能电池的玻璃车顶，并且运用了高端技术，使太阳能转换成电能的转化率为 6%～7%，基本上可以满足该车的动力需要，但在成本上，这款车也还不适合量产。

图 8-15　马自达“先驱”概念车

参考文献

[1] 仲子平,闫瑜.汽车文化[M].2版.北京:北京航空航天大学出版社,2012.
[2] 唐顺华,黄关山.汽车文化[M].北京:机械工业出版社,2007.
[3] 屠卫星.汽车文化[M].北京:人民交通出版社,2010.
[4] 都雪静.汽车概论[M].长沙:国防科技大学出版社,2010.
[5] 张发明.汽车品牌与文化[M].北京:机械工业出版社,2013.
[6] 宁建华.汽车品牌与文化一体化项目教程[M].上海:上海交通大学出版社,2012.
[7] 张克明,马艳花,符晓芬.汽车文化[M].北京:机械工业出版社,2013.
[8] 李艳菲.汽车文化与新技术[M].北京:机械工业出版社,2013.
[9] 韩永刚.汽车文化[M].北京:电子工业出版社,2012.
[10] 刘智婷.汽车知识与文化[M].北京:机械工业出版社,2012.
[11] 吴常红.汽车文化[M].北京:北京邮电大学出版社,2013.